# As MEDITAÇÕES mais PODEROSAS
## DE TODOS OS TEMPOS

**Editorial:**
Luana Aquino
Estefani Machado

**Capa:**
Nine Editorial

**Revisão:**
Rebeca Benício

**Ícones de miolo:**
Freepik.com.br

Dados Internacionais de Catalogação na Publicação (CIP)

D771m     Dreher, Amanda.
           As meditações mais poderosas de todos os tempos: um guia prático de 28 dias para desbloquear a sua mente, abrir os seus caminhos e destravar a sua vida / Amanda Dreher. – Nova Petrópolis : Luz da Serra, 2020.
           224 p. ; 23 cm.

           ISBN 978-85-64463-94-3

           1. Autoajuda. 2. Meditação. 3. Desenvolvimento pessoal. I. Título.

                                                             CDU 159.947
                                                              242

Índice para catálogo sistemático:
1. Autoajuda     159.947
2. Meditação     242

(Bibliotecária responsável: Sabrina Leal Araujo – CRB 8/10213)

Todos os direitos reservados. Nenhuma parte desta obra pode ser reproduzida ou transmitida por qualquer forma e/ou quaisquer meios (eletrônico ou mecânico, incluindo fotocópia e gravação) ou arquivada em qualquer sistema ou banco de dados sem permissão escrita da Editora.

**Luz da Serra Editora Ltda.**
Avenida Quinze de Novembro, 785
Bairro Centro - Nova Petrópolis/RS
CEP 95150-000
livros@luzdaserra.com.br
www.luzdaserra.com.br
www.luzdaserraeditora.com.br
Fones: (54) 3281-4399 / (54) 99113-7657

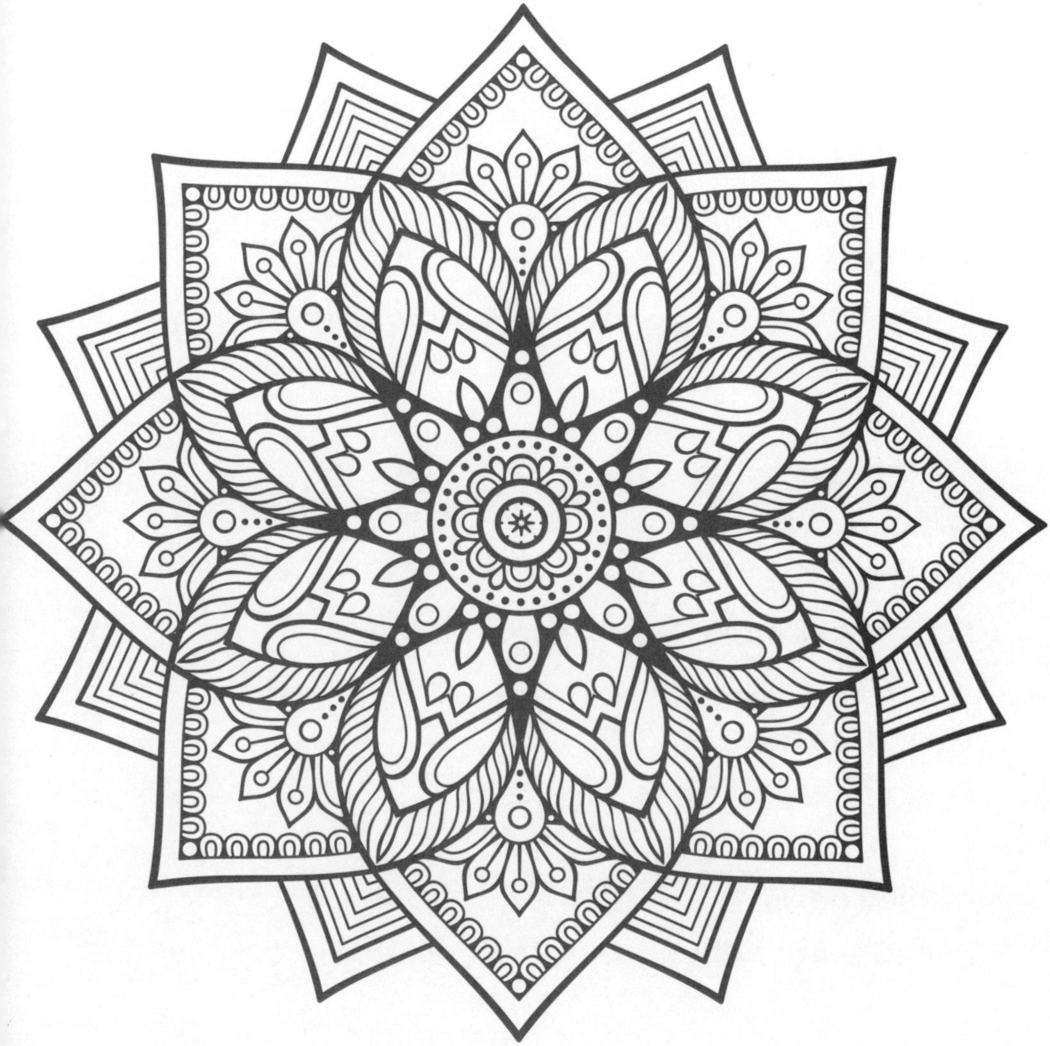

# SUMÁRIO

Apresentação . . . . . . . . . . . . . . . . . . . . . . . . . . . . . . . . . . . .10

Preparação - a mais poderosa de todos os tempos (minha sugestão para você)! . . . . . . . . . . . . . . . . . . . . . . . . . . . . . . .14

Meditação 01
Para Abrir Caminhos e Remover Obstáculos . . . . . . . . . .17

Meditação 02
Corte de Laços . . . . . . . . . . . . . . . . . . . . . . . . . . . . . . . . . . .23

Meditação 03
Para Ativar o Seu Poder e Força Interior . . . . . . . . . . . .31

Meditação 04
Para a Abundância se Manifestar . . . . . . . . . . . . . . . . . .37

Meditação 05
Para Clareza Mental e Despertar a Intuição . . . . . . . . . .45

Meditação 06
Limpeza Cármica . . . . . . . . . . . . . . . . . . . . . . . . . . . . . . . .51

**Meditação 07**
Do Perdão com Tambor . . . . . . . . . . . . . . . . . . . . . . . . . . . . .57

**Meditação 08**
Cura de Bloqueios com a Energia do Perdão . . . . . . . . . .67

**Meditação 09**
Para Liberar Bloqueios da Abundância . . . . . . . . . . . . . . .73

**Meditação 10**
Alinhamento com o Fluxo da Abundância . . . . . . . . . . . .81

**Meditação 11**
Para Ativar o Poder de Decisão e Fazer Escolhas . . . . . .87

**Meditação 12**
Para Relaxar Profundamente . . . . . . . . . . . . . . . . . . . . . . . .95

**Meditação 13**
Para Aumentar Concentração e Foco . . . . . . . . . . . . . . . .101

**Meditação 14**
O Poder da Gratidão do Coração . . . . . . . . . . . . . . . . . . . .105

**Meditação 15**
Declaração MM - Manifesto da Missão . . . . . . . . . . . . . . .111

**Meditação 16**
Se o meu coração sonhar, eu tenho o dever de realizar.117

**Meditação 17**
Ventilador Curativo . . . . . . . . . . . . . . . . . . . . . . . . . . . . . . . . .125

**Meditação 18**
Espaço Mental . . . . . . . . . . . . . . . . . . . . . . . . . . . . . . . . . . . . .133

**Meditação 19**
Entrego, Confio, Aceito e Agradeço . . . . . . . . . . . . . . . . .141

**Meditação 20**
Para Equilibrar os 7 Centros de Energia . . . . . . . . . . . . .149

**Meditação 21**
Triangulação Tridimensional. . . . . . . . . . . . . . . . . . . . . . . .157

**Meditação 22**
De Alinhamento com sua Missão de Vida . . . . . . . . . . . .165

**Meditação 23**
Para Ativar sua Força e Poder .......................171

**Meditação 24**
Amar, Servir, Evoluir e Ser Feliz ....................179

**Meditação 25**
De Cura..............................................187

**Meditação 26**
Desperte sua Autoestima e Amor Incondicional .......193

**Meditação 27**
Para Blindagem e Proteção Energética ...............201

**Meditação 28**
Poema Sobre... Viver...............................209

**Meditação 29**
A SUA Meditação Poderosa .........................219

## APRESENTAÇÃO

Olá, aqui é a Amanda Dreher, e parabéns por você ter chegado até aqui, porque a jornada que se iniciará hoje será muito especial! Sabe por quê?

Porque este não é um livro. É um guia prático, um diário de acompanhamento que estará com você nos próximos 28 dias (e espero que muitos dias mais...), quando você acordar e antes de você ir dormir.

Todos os dias estaremos juntos, você e eu. Não são apenas palavras que estão aqui neste guia. São, sim, a minha energia te ajudando a melhorar HAD (hoje, amanhã e depois).

Seja na cabeceira da cama, seja ao lado da cama, seja na sua bolsa, seja no seu carro.

Você decide o melhor lugar — o importante é que este diário esteja visível e próximo das suas mãos daqui pra frente.

Os próximos 28 dias serão impactantes e trarão benefícios extraordinários na sua vida, porque separei simplesmente o melhor do melhor pra você.

E você terá resultados de forma simples, prática e muito, muito rápida, com apenas poucos minutos diários.

Como este é um guia, um diário, vou direto ao ponto, combinado? Vou resumir minha história em poucas linhas, só pra você me conhecer um pouquinho e ficar tranquilo ao utilizar este material.

Iniciei minha jornada com as terapias integrativas / holísticas lá em abril/2002, entrei no mundo online em janeiro/2014 com a minha empresa (o Feliz Com Você) e lancei em outubro/2016 o método Meditar Transforma (best-seller da Revista VEJA).

De lá pra cá muita coisa positiva já aconteceu... O segundo livro (Stop Ansiedade) foi lançado... A nossa comunidade já ultrapassou 8.500 alunos, 840 mil seguidores nas redes sociais e 14 milhões de visualizações no YouTube (dados até janeiro/2020). Já paramos a Avenida Paulista em São Paulo/SP e a Praia da Barra da Tijuca com nosso Meditar Transforma Ao Vivo (acesse os vídeos nesta página www.meditartransforma.com/meditacoes), e muito, muito mais...

Já criei centenas e centenas de meditações, gravadas ou ao vivo, online ou presencial, e o impacto de transformação na vida dos meus alunos me fez escolher as 28 Meditações Poderosas de Todos os Tempos (ao menos até agora...rsrsrs...).

E é exatamente isso que você terá acesso neste prático guia nos próximos 28 dias.

Lembra sempre que: tudo começa e termina em você, e que, se o seu coração sonhar, você tem o dever de realizar!

Preparado? Preparada? Sim? Então vamos lá começar esta Jornada...

# INSTRUÇÕES PARA USAR ESTE GUIA

**1.** Escolher um local relativamente calmo, onde você não seja interrompido por aproximadamente 8 minutos (se tiver muito barulho, recomendo utilizar fones de ouvido, com uma música de natureza ou relaxante).

**2.** Abrir o livro no dia marcado.

**3.** Acomodar o seu corpo de forma confortável, e respirar três vezes de forma mais lenta (inspirando, contando até três, e expirando contando até seis), de preferência, de olhos fechados. Preparar seu corpo e sua mente para a meditação (vou compartilhar com você a mais poderosa preparação que já utilizei e ainda utilizo nas minhas meditações).

**4.** Ler cada meditação com calma e atenção (se você sentir vontade de parar no meio da prática, faça uma pausa, respire, feche os olhos por alguns segundo, e retome a leitura).

**5.** Após terminar, fique de olhos fechados de 1 a 3 minutos, refletindo sobre a meditação e a sua vida, prestando atenção especial às emoções e pensamentos que vierem à sua mente.

**6.** Escolher três palavras que melhor definem o seu estado atual (após ler a meditação), ou escrever uma frase inteira (se isso vier à sua mente).

# BÔNUS ESPECIAL PARA VOCÊ

Neste guia, você terá a acesso a 28 meditações escritas, extremamente poderosas, escolhidas dentre centenas de técnicas que já criei e conduzi com milhares de alunos.

Pensei em como torná-lo ainda mais transformador! Posso contar o que preparei especialmente para você?

Você poderá baixar o áudio das duas primeiras meditações do livro para praticar quantas vezes quiser! Incrível, não é mesmo?

Para baixar este superpresente, é só acessar

www.meditartransforma.com/meditacoes

## PREPARAÇÃO - A MAIS PODEROSA DE TODOS OS TEMPOS (MINHA SUGESTÃO PARA VOCÊ)!

Preparar seu corpo e sua mente para a meditação é extremamente importante, porque é esta preparação que te permite relaxar o corpo e a mente para que você consiga deslizar para o estado meditativo durante a meditação e ter um nível de experiência mais profundo.

Esta preparação envolve você relaxar e acomodar seu corpo físico e dissolver as tensões e agitação mental através da respiração.

Vou compartilhar com você a preparação mais poderosa que eu já utilizei e utilizo em minhas meditações. E você deve aplicar ela antes de começar cada meditação.

Você vai ver que com a prática HAD (hoje, amanhã e depois) esta preparação vai se tornar natural e automática.

Vamos lá...

Acomode o seu corpo numa postura sentada, de forma bem confortável, coluna bem reta... como se um fiozinho puxasse você pela nuca. Crie espaço entre cada vértebra, o queixo alinhado com o chão, o peito aberto e os ombros sem tensão.

Feche os seus olhos a partir de agora.

Faça uma respiração mais profunda, inspire bem forte, solte o ar com um suspiro: ahhhh....

Mais uma vez, inspire profundamente. Encha a barriga de ar e depois expire, solte o ar bem devagar.

Uma última vez, inspire, expire... Relaxando todas as tensões, suavizando cada parte do seu corpo.

Sinta os seus pés e pernas relaxados, sem tensão. Sinta que o seu quadril, abdômen, baixo ventre e a região do estômago estão sem tensão. Sinta que toda a sua coluna vertebral, as costas, lombar, parte média e parte alta estão relaxadas, suaves... O seu peito está relaxado. Os ombros sem tensão. Os braços soltos ao lado do corpo... As mãos descansadas no seu colo... Relaxe a garganta e a nuca. Suavize o seu rosto... O seu rosto bonito, quase sorrindo...

Se precisar fazer algum ajuste na sua postura, faça neste momento. E aí, você se prepara para nos próximos minutos permanecer totalmente imóvel, quieto, conectado com seu coração...

Não se preocupe se pensamentos vierem à sua mente durante a prática de meditação... assim como um pensamento vem, ele vai... Não julgue os pensamentos, não se critique, não se apegue... apenas volte a atenção para a sua meditação.

Sinta o seu corpo firme e relaxado neste momento. Sinta a sua respiração suave e natural. Permita que a sua consciência se expanda.

# MEDITAÇÃO 01

## Para Abrir Caminhos e Remover Obstáculos

> Esta meditação atua nas camadas mais profundas da sua mente, removendo bloqueios inconscientes que o impedem de fazer as mudanças necessárias na sua vida.

> Ela conecta você com o fluxo da abundância do Universo, permitindo a chegada da prosperidade e de novas oportunidades.

Acomode o seu corpo, respire profundamente e afirme mentalmente:

Existe uma só Energia no Universo: uma energia que flui em mim e através de mim.

Uma só energia: perfeita, limitada, completa.

Existe uma só Inteligência no Universo, e dessa inteligência, vêm todas as respostas, todas as curas, todas as novas criações.

Confio nessa energia, confio nesse poder, confio nessa inteligência.

*[pausa rápida]*

Faça uma respiração mais profunda. Relaxe. Libere toda e qualquer tensão.

Sinta o fluxo da sua respiração.

Sinta um fluxo de energia que flui em você, e através de você.

*[pausa rápida]*

O poder de criar, o poder materializar, e o poder de realizar, dependem da minha capacidade de relaxar e permitir que o fluxo da abundância se manifeste.

O poder de manifestar a realidade que eu desejo, depende do meu alinhamento com este fluxo de energia.

Entrego, relaxo e entro em alinhamento com este fluxo de energia.

Entro em alinhamento com o fluxo da abundância do Universo.

*[pausa rápida]*

Deixo para trás todas as carências, todas as limitações, todos os julgamentos.

Deixo para trás todos os medos, inseguranças e frustrações.

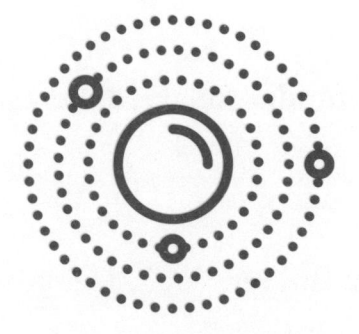

Deixo para trás tudo o que não serve mais para a minha evolução.

Sei que tudo está como tem que ser. Que tudo está certo; que tudo está bem.

Mesmo que a minha mente atual, ainda limitada pelo tempo e espaço, não consiga entender o que acontece; que eu, ainda julgue, critique, reclame, compare.

Sei que tudo está certo, que tudo está como tem que ser.

Sei que tudo o que eu preciso saber é revelado a mim.

Sei que tudo o que eu preciso, recebo no momento perfeito, no tempo certo.

Porque eu confio no fluxo da abundância do Universo.

Porque eu confio no tempo das coisas.

Porque se alguma coisa ainda não aconteceu, é porque algo maior e melhor está por vir.

Relaxo e confio. Sigo no fluxo da abundância do Universo... Sempre em movimento, sempre em expansão.

*[pausa rápida]*

Permito que o novo se manifeste em minha vida.

Permito que a abundância e a prosperidade se manifestem em minha vida.

Relaxo e libero todas as limitações da minha mente. Expando minha consciência infinitamente. Confio na minha intuição.

*[pausa rápida]*

É no silêncio, na pausa, no relaxamento que você é capaz de acessar as energias mais puras e poderosas do Universo.

Por isso, agora, imagine, visualize e sinta uma luz, uma energia que desce do céu e flui em você e através de você.

Receba esta luz que vem do mais alto do céu e ilumina a sua mente, o seu corpo e expande a sua consciência.

Receba esta luz que dissolve todos os medos, ilusões, apegos e dúvidas.

Receba esta luz que o permite acessar a sua poderosa intuição, para que você possa seguir na direção correta.

Receba esta luz que ilumina o seu caminho, para que possa manifestar e realizar tudo aquilo que o seu coração sonhar.

Sinta esta energia fluindo por todo o seu corpo. Sinta o fluxo da abundância do Universo fluindo em você e através de você.

Permita-se ser tudo o que você nasceu para ser, livre de limitação, uma consciência em expansão.

*[pausa de 1 a 3 minutos, com os olhos fechados]*

Faça uma respiração mais profunda, una suas mãos em prece, em frente ao coração, agradeça por este momento de cura, por esta meditação!

**Namastê.**

---

**Diário do Meditar Transforma**
**Dia 01 - O que senti com esta meditação?**

_____
_____
_____
_____

# MEDITAÇÃO 02

## Corte de Laços

> Esta meditação tem o poder de curar os relacionamentos, limpando memórias de dor e sofrimento, encerrando ciclos que precisam ser encerrados e renovando relacionamentos desgastados pelos conflitos emocionais.
>
> O corte de laços libera todas as tensões e bloqueios que estão impedindo que o amor flua de forma plena neste relacionamento.
>
> Mágoas, culpas, cobrança, ressentimentos, traições, expectativas frustradas, desentendimentos, memórias de dor do passado, todos esses sentimentos precisam ser limpos do seu campo de energético, para que a energia volte a fluir livremente.

Feche seus olhos, e faça uma respiração profunda...

Escolha agora uma pessoa que você deseja se harmonizar e deixar o relacionamento mais leve. Que você deseja perdoar e libertar (lembrando que libertar não significa não estar mais juntos, mas permitir que cada um seja livre dentro do relacionamento).

Não importa se esta pessoa está viva e possui um corpo, ou se ela já partiu desta existência terrena.

Agora, imagine, visualize ou simplesmente acredite que do mais alto céu que você possa imaginar desce um tubo de luz azul em direção ao alto da sua cabeça. Esse tubo de luz azul passa pela sua cabeça, desce pelo centro do seu corpo e continua descendo em direção ao centro da Terra.

*[pausa rápida]*

Agora, imagina que do centro da Terra sobe um tubo de luz azul, na direção dos seus pés, e vai subindo pelo centro do seu corpo, passando pela sua cabeça e subindo em direção ao céu, ao infinito.

*[pausa rápida]*

Sinta esses dois tubos de luz azul ao redor de você. Eles agora se unem em um único tubo de luz azul onde flui a energia do céu para Terra, e da Terra para o céu, protegendo-o de todas as influências negativas.

*[pausa rápida]*

Traga até a sua tela mental a imagem da pessoa com a qual deseja se harmonizar; que você precisa perdoar, que você quer se libertar.

Imagine, acredite que ela está ali, na sua frente.

Visualize também um tubo de luz descendo do céu em direção à Terra, e um tubo de luz que sobe da Terra em direção ao céu em torno dessa pessoa.

*[pausa rápida]*

Agora, imagine que do seu coração, e do coração dessa pessoa, sai uma fita, um cordão, que une você a esta pessoa. E, nesta fita, neste cordão, existe um grande laço, um nó unindo esses dois cordões.

Agora, visualize que uma fita, ou cordão, também sai da sua testa e da testa dessa pessoa, e que essas duas fitas se unem em um grande laço, formando um grande nó entre vocês.

Visualize ainda uma fita que sai do seu estômago e do estômago dessa pessoa. E essas duas fitas se unem também em um grande laço, formando um grande nó entre vocês.

E há uma última fita, que sai da região do períneo, e da região do períneo da outra pessoa, unindo vocês também com um laço, um grande nó.

Visualize todos esses laços.

*[pausa rápida]*

Você sente a presença de um ser de luz, um mestre, um anjo, um sábio, um mentor, um guia, não importa o nome, não importa a forma. Um ser de luz que você acredita, confia; sinta a presença deste ser de luz entre vocês.

Esse ser de luz traz em suas mãos uma espada de prata que emite outra luz com um brilho especial.

Ele levanta a espada, e depois desce ela lentamente passando por cada um desses laços, desses cordões... cortando e dissolvendo um a um.

Visualize, sinta e acredite que essa espada de luz vai passando e cortando o laço que liga a sua testa à testa dessa pessoa. Sinta esse laço sendo cortado.

Depois, a espada passa pelo laço que liga o seu coração ao coração da outra pessoa.

A espada continua descendo e cortando os laços (da região do estômago e da região do períneo).

Visualize todos os cordões, todos os laços cortados.

Esse ser de luz, seu mentor, seu guia, agora se dirige até você e impõe suas mãos na sua testa, bem no ponto onde sai o laço, o cordão que o conecta a outra pessoa. Ele emite um raio de luz violeta, que cura esse laço, fecha e sela essa ferida.

E assim ele vai fazendo com cada um dos pontos.

Iluminando com luz violeta o seu coração; purificando, selando toda essa região, dissolvendo qualquer resquício do laço que existia ali.

No estômago, ele emana um raio luz violeta, que cauteriza qualquer ferida que existia ali.

Até a região do períneo, onde emite um raio de luz violeta, curando e harmonizando toda essa região.

Ele repete o mesmo procedimento com a outra pessoa, impodo suas mãos e emitindo um raio de luz violeta na região de cada um dos cordões, dos laços, curando e cicatrizando cada um deles.

Na testa, no coração, na região do estômago, no períneo.

Agora, você agradece a este ser de luz, a este mentor, a este mestre, por ter ajudado você a se libertar, cortando todos esses laços!

Nessa energia de gratidão, o seu mentor se despede, com o sentimento de dever cumprido, e segue o seu caminho.

Você agradece também ao Eu Superior dessa pessoa, por ter permitido esse "corte de laços"! Agora, permita que esta pessoa siga o seu próprio caminho e seja feliz. Despeça-se dessa pessoa... deixe que ela seja quem ela é de verdade, viva suas próprias experiências... deixe que ela vá... feliz...

Assim como você também segue o seu próprio caminho... sendo quem você é de verdade... cumprindo sua missão... sendo feliz...

Sinta Amor e Gratidão!

Enquanto você permanece em silêncio... sentindo apenas amor e gratidão no seu coração.

Tudo o que existe no seu coração agora é amor e luz, amor e luz, amor e luz.

*[pausa de 1 a 3 minutos, com os olhos fechados]*

Faça uma respiração mais profunda, com uma das suas mãos em prece (em frente ao coração), e agradeça por esta meditação, por este momento de cura!

**Namastê.**

### Diário do Meditar Transforma
### Dia 02 - O que senti com esta meditação?

# MEDITAÇÃO 03

## Para Ativar o Seu Poder e Força Interior

> Esta meditação é profunda e trabalha em todos os níveis da sua mente para ativar a conexão com a sua consciência, a sua essência, que é infinita e livre de limitação. Para você se conectar com o seu "eu de verdade", esta energia que está além do seu corpo e da sua mente.

Você vai entrar em alinhamento com a Energia Essencial (a força criadora da vida, a forma como quiser chamar) e sentir que você é muito mais forte e capaz do que imagina.

Prepara-se para expandir sua consciência e receber toda essa energia!

Tenho um corpo, mas não sou esse corpo. Meu corpo pode se encontrar em diferentes condições de saúde, e isso nada tem a ver com o meu "Eu verdadeiro", com a minha essência.

Tenho um comportamento, mas não sou este comportamento. Ainda não desenvolvi o total controle sobre o meu comportamento, às vezes, ainda me comporto no piloto-automático, e independente do meu comportamento, o meu "Eu verdadeiro", a minha essência continua sempre a mesma.

Tenho emoções, mas não sou essas emoções. Experimento diferentes emoções, mas minha essência, meu "Eu verdadeiro" é sempre o mesmo.

Tenho uma mente, mas não sou essa mente. Minha mente é a ferramenta que tenho para criar as emoções, o comportamento e o corpo físico, assim como todas as coisas que atraio para a minha vida.

Porque ainda não desenvolvi o total domínio e controle de mim mesmo; minha mente às vezes me governa, em vez de eu controlá-la.

A mente é um instrumento, uma ferramenta muito valiosa, mas não é aquilo que eu sou.

*[pausa rápida]*

Eu sou a consciência, sou uma extensão da Energia Essencial, sou o "Eu Sou"; sou uma extensão do Divino Criador, sou o Infinito, sou um com o Todo.

Sou um centro de pura consciência divina - infinita e livre de limitação.

Eu sou luz e sabedoria! Sou amor incondicional! Sou alegria e felicidade! Sou um centro de vontade, capaz de ser a causa e o criador de cada aspecto da minha vida.

Sou capaz de dirigir, de escolher e de criar todos os meus pensamentos e emoções; o meu comportamento, a saúde do meu corpo e tudo o que atraio e manifesto em minha vida.

É isso que Eu sou.

*[pausa rápida]*

Eu sou o poder, o senhor e a causa das minhas atitudes, emoções e comportamento.

Sou poderoso, amoroso e equilibrado, em todos os momentos.

Sou próspero, saudável e completo dentro de mim mesmo. Tenho preferências, mas não apegos.

Sou senhor da minha vida, e minha mente subconsciente é minha amiga e serva.

Sou amoroso e centrado em mim mesmo, em todos os momentos, e não permito que nada do Universo exterior atrapalhe o meu equilíbrio.

Detenho cem por cento do meu poder pessoal e prometo jamais dar este poder à minha mente subconsciente ou a outras pessoas quaisquer.

*[pausa rápida]*

Sou totalmente invulnerável à energia negativa de outras pessoas e dos ambientes.

Eu ouço o que os outros me dizem. Entretanto, só assimilo o que eu decido assimilar.

Mantenho a minha conexão com a minha essência, com a minha consciência, com o ser divino que eu sou.

Mantenho minhas três mentes alinhadas – consciente, subconsciente e superconsciente.

Estou alinhado agora com o fluxo da vida; sou a abundância, sou o infinito, sou um com o Todo.

Eu estou em perfeito alinhamento com a Energia Essencial!

É isso que Eu Sou!

Uma consciência infinita e livre de limitação! Uma extensão do Criador!

*[pausa de 1 a 3 minutos, com os olhos fechados]*

Faça uma respiração profunda, una suas mãos (em prece), em frente ao coração, agradeça por esta meditação, por este momento de cura!

**Namastê.**

### Diário do Meditar Transforma
### Dia 03 - O que senti com esta meditação?

# MEDITAÇÃO 04

## Para a Abundância se Manifestar

> Esta meditação é para você que deseja manifestar a prosperidade e a abundância em todas as áreas da sua vida: material, relacionamentos, oportunidades.
>
> Ela conecta você à Energia Essencial (à força criadora da vida, à forma como você quiser chamar) e ativa o fluxo da abundância do Universo.

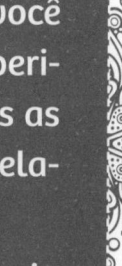

Volte-se para dentro de si, volte-se para o centro do seu coração e se conecte com a sua essência, a sua Consciência.

Respire lenta e profundamente.

Imagine, visualize ou simplesmente acredite que, no centro do seu coração, existe um ponto de luz dourada.

Sinta esta luz, sinta ela preencher o seu coração.

Uma luz brilhante, intensa, que ilumina e aquece o seu coração.

*[pausa rápida]*

Esta luz dourada começa a crescer, expandir, iluminando todo o seu peito. Ela continua crescendo, expandindo, em todas as direções.

Esta luz dourada percorre a sua corrente sanguínea, ilumina os seus órgãos internos, as suas células, o seu rosto, ilumina você por dentro e por fora.

Esta luz dourada, que nasceu no centro do seu coração, agora o preenche completamente.

Esta luz dourada, que nasceu no centro do seu coração, agora ultrapassa os limites do seu corpo físico, se expandindo além de você. Agora você está imerso em uma grande bola de luz dourada.

Uma grande bola de luz dourada, brilhante, intensa... Você é pura luz!

*[pausa rápida]*

Eu tenho tudo o que preciso para ser feliz!

Estou em paz comigo mesmo neste exato momento.

Respiro profundamente e sinto paz dentro de mim.

Respiro mais profundamente e sinto um nível ainda mais profundo de paz no meu coração, no meu corpo, na minha mente.

*[pausa rápida]*

Sou saudável, sou próspero, sou uma extensão da Energia Essencial, da Consciência Infinita, de Deus, do Todo, da Fonte, da Energia maior, da Vida.

Eu sinto o fluxo da Energia Essencial em mim e através de mim.

Eu sinto o fluxo da abundância do Universo em mim, e através de mim.

A prosperidade é o fluxo que me preenche, que flui para mim e através de mim.

Sei que eu posso ser, fazer e ter tudo o que desejar, porque sou uma consciência infinita e ilimitada; porque sou uma extensão da Energia Essencial, que criou (e cria) tudo o que existe.

Eu reconheço o poder criador que existe em mim; reconheço a força criativa que pulsa e vibra em cada célula do meu ser.

Sou eu que crio a minha realidade; tenho liberdade de criar a vida que desejo ter.

Eu escolho agora o amor, a alegria, a prosperidade. Escolho agora estar em alinhamento com a Energia

Essencial e permito que o fluxo da abundância se manifeste em minha vida.

Eu confio no fluxo da abundância do Universo.

Estou equilibrado, sou equilibrado. Meu coração está cheio de amor e gratidão. Eu já tenho tudo o que preciso para ser feliz!

Sou capaz de fazer coisas grandiosas; sou abençoado com talentos infinitos, e utilizo esses talentos todos os dias.

Eu gero prosperidade a cada ato meu. Tudo o que eu preciso vem a mim no momento certo. Eu confio no fluxo da abundância do Universo.

Eu tomo boas decisões. Cada dia eu confio mais na minha intuição!

Eu sinto grande admiração por tudo o que me envolve. Estou calmo e relaxado em qualquer circunstância. Sou o criador da minha própria realidade.

Estou cheio de energia. Irradio alegria e felicidade. Estou em paz com tudo o que já aconteceu na minha vida, com tudo o que acontece e ainda vai acontecer na minha vida.

Já tenho tudo que eu preciso para ser feliz!

Sou uma extensão da Energia Essencial.

Estou alinhado com o fluxo da abundância do Universo.

Aceito novas experiências, permito que o novo se manifeste em minha vida. Ótimas oportunidades se manifestam na minha vida. Estou pronto para qualquer mudança. Confio no fluxo da abundância do Universo.

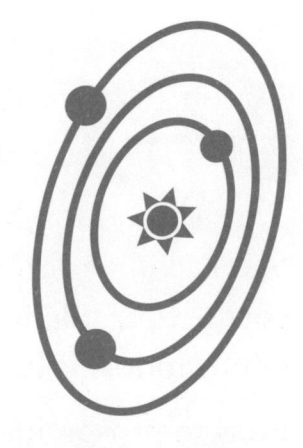

Concentro-me no bem em qualquer situação. Sempre vejo o bem. Sinto grande admiração por tudo o que me envolve. Escolho ver todas as oportunidades ao meu redor. Estou sempre inspirado com novas e boas ideias. Sou grato por todas as minhas realizações.

Sou corajoso, sou gentil, sou amoroso, sou alegre. Minha vida é cheia de prosperidade.

Sou abençoado com saúde e motivação; irradio amor e alegria.

Confio em mim, confio na Energia Essencial, confio no fluxo da abundância do Universo para criar uma vida incrível e abundante.

Tenho clareza dos meus desejos e objetivos, sei que sou capaz de realizar tudo o que desejar.

Sou focado e produtivo, sou cheio de energia e determinação, sou a Energia Essencial em ação!

Eu resolvo qualquer desafio com calma e sabedoria. Eu posso dizer "não" com tranquilidade e amor, sempre que precisar. Eu reajo com amor em toda situação.

Sei que não posso mudar outra pessoa. Aceito todos ao meu redor. Eu só atraio gente boa para minha vida.

Estou alinhado com a Energia Essencial!

O fluxo da abundância flui em mim e através de mim!

Eu sou sempre feliz. Eu me amo profundamente. Eu compartilho felicidade e amor com o mundo à minha volta.

Permito-me receber toda riqueza, abundância, prosperidade e alegria que a vida tem a oferecer.

Eu mereço ser feliz! Mereço ser amado! Mereço ser saudável! Mereço ser próspero! Mereço a abundância!

Eu sou uma extensão da Energia Essencial. Eu estou alinhado com o fluxo da abundância do Universo.

Recebo o melhor que a vida tem para me dar. Eu dou o meu melhor para vida. Estou no fluxo do dar e receber.

[pausa de 1 a 3 minutos, com os olhos fechados]

Faça uma respiração profunda, una suas mãos (em prece), em frente ao coração, e agradeça por esta meditação, por este momento de cura!

**Namastê.**

---

**Diário do Meditar Transforma**

**Dia 04 - O que senti com esta meditação?**

# MEDITAÇÃO 05

## Para Clareza Mental e Despertar a Intuição

> Esta meditação é para você acalmar a sua mente, ter mais clareza e ativar a sua intuição.
>
> Ela limpa o excesso de pensamentos, preocupações e medos para que você consiga enxergar as respostas e fazer as escolhas certas.

Sinta o fluxo da respiração, sinta o fluxo natural da sua respiração, sinta a Energia Essencial fluindo pelo seu corpo.

Relaxe o seu corpo, relaxe a sua mente, abra o seu coração.

*[pausa rápida]*

Imagine, visualize e acredite que, do mais alto do céu, desce um redemoinho de luz (como se fosse um tornado) circulando ao redor do seu corpo.

Esse redemoinho de luz desce em direção ao alto da sua cabeça e segue ao longo da sua coluna vertebral, pelo centro do seu corpo, seu canal central. Ele desce girando, e assim vai limpando o seu corpo, a sua mente e a sua energia de todas as negatividades, removendo todo o lixo mental e emocional.

Este redemoinho desce e gira ao redor de você e através de você. Passa pela sua coluna vertebral, pelo seu canal central, em direção ao centro da Terra, onde tudo é purificado e transmutado.

Respire profundamente, sinta que agora você está mais leve, sinta que você criou um espaço dentro de si. Sinta um novo nível de clareza e energia.

[pausa rápida]

Agora, visualize que, do mais alto do céu, desce um tubo de luz, uma luz intensa e brilhante, em direção ao alto da sua cabeça.

Esse tubo de luz passa pelo centro do seu corpo, pela sua coluna vertebral, até o centro da Terra.

Receba esta luz, este fluxo abundante de luz, iluminando a sua mente, o seu coração, conectando com a sua essência, alinhando-o com a Energia Essencial.

Respire profundamente e se permita receber este fluxo abundante de luz; se permita estar em contato com a sua essência, em perfeito alinhamento com a Energia Essencial.

*[pausa rápida]*

Respire profundamente, mantenha seus olhos fechados, sustente a sua conexão, o seu alinhamento.

Repita e afirme mentalmente:

Que eu possa sempre enxergar o real, a verdade, a luz. Que todas as ilusões sejam dissolvidas!

Que eu possa sempre enxergar o real, a verdade, a luz. Que todas as ilusões sejam dissolvidas!

Que eu possa sempre enxergar o real, a verdade, a luz. Que todas as ilusões sejam dissolvidas!

*[pausa de 1 a 3 minutos, com os olhos fechados]*

Faça uma respiração profunda, una suas mãos (em prece), em frente ao coração, e agradeça por esta meditação, por este momento de conexão e alinhamento!

**Namastê.**

## Diário do Meditar Transforma
### Dia 05 - O que senti com esta meditação?

# MEDITAÇÃO 06

## Limpeza Cármica

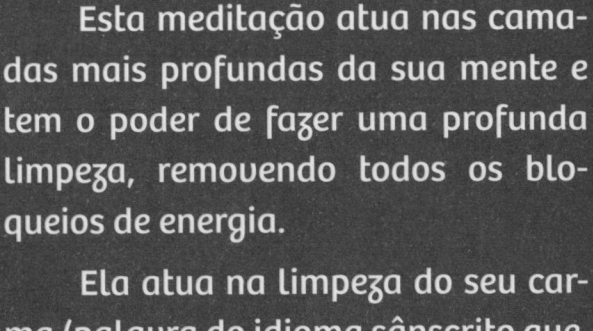

> Esta meditação atua nas camadas mais profundas da sua mente e tem o poder de fazer uma profunda limpeza, removendo todos os bloqueios de energia.
>
> Ela atua na limpeza do seu carma (palavra do idioma sânscrito que, literalmente, significa "ação"). Por isso, remove todas as negatividades, erros, culpas e desentendimentos do passado.
>
> É importante que você se entregue a esta prática sem tentar racionalizar, porque ela utiliza símbolos e visualizações que falam para a sua mente subconsciente.

Respire, lenta e profundamente, por algumas vezes, revezando com respirações mais profundas.

*[pausa rápida]*

Acomode perfeitamente o seu corpo, relaxe os seus ombros, abra o seu peito, solte toda e qualquer tensão.

Relaxe o seu rosto, os maxilares, as têmporas. Deixe o seu rosto bonito, quase sorrindo.

Sinta o ar entrando e saindo, sinta o caminho percorrido pela sua respiração, inspirando e expirando com consciência.

Neste momento, volte a sua atenção para o seu coração; volte-se para dentro de si e, no centro do seu coração, visualize uma grande estrela de luz violeta.

Essa estrela ilumina o seu coração por completo. À medida que você respira e mantém a sua atenção no brilho dessa estrela, ela se torna ainda mais poderosa. Seu brilho fica mais forte, mais intenso, iluminando agora todo o seu peito.

Ao iluminar o seu peito por completo, essa estrela de luz limpa você de todas as mágoas, de todos os ressentimentos, todas as culpas, todos os medos.

*[pausa rápida]*

Essa estrela de luz vai crescendo, crescendo... Essa luz violeta vai iluminando agora a sua cabeça, iluminando toda a parte superior do seu corpo, o seu rosto, a sua garganta, os seus ombros, a parte alta das suas costas, os seus braços e as suas mãos.

Ela limpa todas as preocupações, ansiedades, excesso de pensamentos, de julgamento, de crítica.

Essa luz violeta continua brilhando e se intensificando.

*[pausa rápida]*

Agora, a luz desta estrela ilumina a parte inferior do seu corpo, iluminando o seu abdômen, o baixo-ventre, a região do quadril, a parte baixa das costas, as suas pernas e pés.

Ao iluminar toda a base do seu corpo, ela remove todos os desentendimentos familiares, purifica suas raízes ancestrais e cura todas as feridas emocionais de relacionamento.

Ela limpa e purifica, traz o perdão para todos os relacionamentos da sua vida.

*[pausa rápida]*

Agora, você toma consciência do brilho e da intensidade dessa estrela de luz violeta. Sinta, imagine e acredite que essa estrela de luz violeta se tornou tão forte e poderosa, que ficou maior do que você mesmo.

Essa estrela que nasceu no centro do seu coração agora está tão grande que você está no centro dela.

Veja-se no centro dessa estrela de luz violeta, e permita-se perdoar a si mesmo, perdoar a todas as pessoas que já passaram pela sua vida e se libertar de sentimentos e acontecimentos do seu passado.

Permita que a luz violeta purifique você por completo!

Respire profundamente, solte o ar devagar e, junto com esse "soltar do ar", solte também todo o peso, toda a negatividade.

Deixa Ir... Solta... Libera...

*[pausa rápida]*

Agora, fique na luz, permaneça na luz violeta, permaneça na energia da purificação.

Tudo o que você precisa fazer é respirar e se manter conectado com essa luz, com essa estrela de luz e com essa energia de purificação.

Respira e deixa ir... respira e solta... respira e desapega... respira e fica na luz...

*[pausa de 1 a 3 minutos, com os olhos fechados]*

Faça uma respiração mais profunda, una suas mãos (em prece), em frente ao coração, e agradeça por esta meditação, por este momento de conexão e alinhamento!

**Namastê.**

### Diário do Meditar Transforma
### Dia 06 - O que senti com esta meditação?

# MEDITAÇÃO 07

## Do Perdão com Tambor

Esta meditação é para você soltar o peso emocional do passado e criar espaço para que o novo se manifeste em sua vida.

Para você se libertar do "velho você", e criar espaço para ser o "novo você" que você deseja ser.

O perdão incondicional e profundo, como o desta meditação, é uma ferramenta de cura da alma, responsável por promover mudanças positivas em todas as áreas da sua vida.

E, sim, sempre temos algo para perdoar. Por mais que a sua mente racional acredite que "não", no subconsciente sempre temos algo para perdoar, em relação a nós, aos outros e à vida.

Durante a prática, em alguns momentos, eu vou pedir para você "tocar o tambor". Entretanto, não precisa ter um tambor para fazer isso, basta bater no seu peito com a sua mão fechada. Pequenas e suaves "batidinhas", no ritmo do coração. Assim, você irá ativar este centro de cura do seu corpo.

Faça três respirações profundas, inspire bem grande, e depois solte o ar bem devagar, esvaziando completamente os pulmões.

*[pausa rápida]*

Acomode o seu corpo de forma confortável. A partir deste momento, não interfira mais na sua respiração.

Apenas observe o ar que entra, o ar que sai... Sinta a profundidade e a suavidade da sua respiração. Entre em contato com o seu ritmo natural; entre em contato com o seu ritmo interno. Tudo o que importa agora é respirar com atenção. É estar presente no "aqui e agora", na sua respiração.

*[pausa rápida]*

Enquanto você respira, sinta que o seu coração se enche de luz... de luz divina. Uma luz pura, brilhante, intensa, que nasce no centro do seu coração e cresce, cresce, cresce, iluminando todo o seu peito, que continua crescendo e expandindo em todas as direções, iluminando você por completo, por dentro e por fora.

Sinta que você é luz. Essa é a sua verdadeira essência: luz.

Enquanto mantém essa luz ativa no centro do seu coração, enquanto mantém a sua atenção no seu coração, imagine, visualize a imagem da sua mãe.

Veja a sua mãe chegando até você. Sinta a sua presença. Olhe no fundo dos seus olhos e a perdoe por qualquer coisa que ela tenha feito; perdão pelo perdão em si. Assim como você também pede perdão a ela por qualquer coisa que você tenha feito; perdão incondicional; perdão mútuo e verdadeiro.

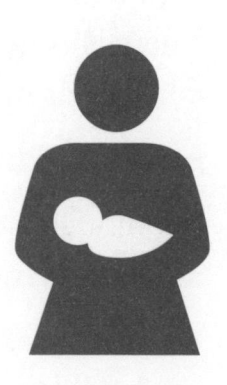

*[som do tambor - leves batidinhas no seu coração, no ritmo do coração].*

Agora abrace a sua mãe. Sinta que existe apenas amor entre vocês. E, nesse momento, se despeça dela, deixe que ela siga o seu caminho e seja feliz.

*[pausa rápida]*

Agora, traga até a sua tela mental a imagem do seu pai. Visualize o seu pai chegando até você e olhando no fundo dos seus olhos, você o perdoa por qualquer coisa que tenha acontecido entre vocês, por expectativas frustradas, por cobranças, por qualquer coisa que tenha acontecido; perdão incondicional. Assim como você também pede perdão ao seu pai por qualquer coisa que você tenha feito a ele; perdão pelo perdão em si; perdão mútuo e verdadeiro.

*[som do tambor - leves batidinhas no seu coração, no ritmo do coração].*

Olhe no fundo dos olhos do seu pai, o abrace, sentindo esse perdão que você deu e recebeu. Sinta como o amor cresce entre vocês neste momento.

E assim, você pode deixar que ele continue a seguir o seu caminho, viver a sua própria história e ser feliz. Despeça-se dele neste momento.

*[pausa rápida]*

Agora, imagine, sinta a presença dos seus avós (avôs e avós paternos e maternos). Se você não consegue se lembrar da imagem deles, ou se não os conheceu, não importa. Imagine e sinta a presença dos seus avós da forma como aparecer. Não se apegue às formas neste momento, apenas acredite e sinta a presença dessa energia.

E neste momento perdoe cada um dos seus avós, perdão por qualquer coisa. Assim como você também recebe o perdão deles por qualquer coisa que você tenha feito, consciente ou inconscientemente. Perdão pelo perdão em si.

*[som do tambor - leves batidinhas no seu coração, no ritmo do coração].*

Abrace e agradeça a cada um deles neste momento. Despeça-se, sentindo que existe apenas amor entre vocês. Deixe que cada um deles viva a sua própria história, siga o seu próprio caminho, sejam livres e felizes.

*[pausa rápida]*

Agora, imagine, sinta a presença de uma pessoa muito especial para você. Pode ser seu companheiro ou sua companheira, um filho ou filha, uma pessoa muito importante na sua vida (escolha apenas uma).

Imagine que ela está ali na sua frente. Sinta a sua presença, olhe no fundo dos olhos dessa pessoa. Perdoe-a por qualquer coisa que ela tenha feito a você, consciente ou inconscientemente. Perdão pelo perdão em si. Assim como você também pede perdão por qualquer coisa que você tenha feito, consciente ou inconscientemente. Vocês trocam perdão, perdão mútuo, perdão do fundo do coração.

*[som do tambor - leves batidinhas no seu coração, no ritmo do coração].*

Olhe no fundo dos olhos dessa pessoa, abrace, sinta que a nova qualidade desta relação. Agora, existe apenas amor entre vocês, sem nenhum julgamento, sem nenhuma expectativa, sem nenhuma lembrança negativa.

Despeça-se dela, deixe que ela vá viver a sua vida, seguir o seu caminho.

*[pausa rápida]*

Agora, traga até a sua mente a imagem do seu irmão ou da sua irmã. Se você tem mais irmãos, traga a imagem de todos eles até a sua mente. Se você não os tem, escolha um amigo ou amiga que seja como um irmão ou irmã para você.

Sinta a sua presença; perdoe e peça perdão.

Olhando no fundo dos olhos, perdoe o seu irmão ou irmã por qualquer coisa que tenha feito. Assim como você também pede perdão. Perdão pelo perdão em si, por qualquer coisa que tenha acontecido entre vocês.

*[som do tambor - leves batidinhas no seu coração, no ritmo do coração].*

Agora, abrace o seu irmão, a sua irmã, e sinta que existe apenas amor entre vocês. Despeça-se e deixe que ele siga o seu caminho, que possa viver suas próprias histórias.

*[pausa rápida]*

Agora você traz até a sua tela mental a imagem dos seus filhos, ou dos seus animais de estimação, ou de alguém que você ama como um filho.

Visualize, olhe no fundo dos seus olhos, e permita que o perdão se manifeste. Perdoe e peça perdão. Perdão por qualquer coisa, consciente ou inconscientemente.

*[som do tambor - leves batidinhas no seu coração, no ritmo do coração].*

Agora sim, olhando no fundo dos olhos dos seus filhos, dos seus animais de estimação, se despeça deles. Deixe-os viverem seu próprio caminho, sua própria história e serem felizes, porque agora existe apenas amor entre vocês.

*[pausa rápida]*

Imagine, sinta a presença da pessoa mais importante de todas: você. Como se você tivesse se vendo no espelho. Olhe no fundo dos seus olhos e se perdoe. Peça e dê perdão a você mesmo. Perdão incondicional, por qualquer coisa que tenha acontecido no passado.

Você merece ser perdoado; merece uma vida de felicidade, de amor, de sabedoria, de abundância. Para isso, você precisa se perdoar, do fundo do seu coração. Libertar-se de toda e qualquer cobrança, julgamento, ou busca por perfeição.

*[som do tambor - leves batidinhas no seu coração, no ritmo do coração].*

Olhe novamente para você, para a sua imagem; olhe no fundo dos seus olhos e sinta que você está mais leve, que se perdoou. Nesse momento, existe apenas amor dentro de você. Veja que você é pura luz, é puro amor.

Sinta que você está leve, leve, leve. Permaneça nessa energia de perdão, de amor, de luz, de paz, em silêncio.

*[pausa de 1 a 3 minutos, com os olhos fechados]*

Faça uma respiração profunda, una as suas mãos em prece, em frente ao coração. Agradeça por este momento de conexão e alinhamento, por esta meditação!

**Namastê.**

---

**Diário do Meditar Transforma**
**Dia 07 - O que senti com esta meditação?**

# MEDITAÇÃO 08

## Cura de Bloqueios com a Energia do Perdão

> Essa meditação remove bloqueios inconscientes, que o impedem de realizar seus sonhos e metas, que travam o fluxo da prosperidade na sua vida, afastando-o da felicidade.
>
> Através da energia do perdão, você irá se libertar de todas as negatividades e pesos emocionais que drenam a sua energia, impedindo que você evolua de verdade.

Acomode o seu corpo de forma confortável. Faça algumas respirações mais profundas.

Enquanto respira, lenta e profundamente, solte todas as tensões do seu corpo. Relaxe… solte… deixe ir.

[pausa]

Afirme, internamente:

Do centro do meu coração, onde existe apenas amor, elevo os meus pensamentos e me conecto com a luz.

Eu escolho agora perdoar e ser perdoado.

Eu permito agora me libertar de todas as falhas do passado, deixar ir todas as cobranças e limitações que me impedem de ser tudo o que eu nasci para ser, consciente ou inconscientemente.

Eu permito agora me libertar de todos os medos, frustrações e negatividades que bloqueiam o fluxo da abundância em minha vida.

Eu permito agora me libertar dos apegos e projeções que me afastam do alinhamento com a minha essência.

*[pausa rápida]*

Perdoo e peço perdão ao meu pai, à minha mãe e a todos os meus antepassados.

Escolho agora libertar os meus pais do sentimento de que já falharam comigo.

Agradeço aos meus avós, a todos os meus antepassados, a toda a ancestralidade, que me permitiram ter esta experiência de vida.

Liberto-os de todas as falhas do passado, de todos os desejos não realizados, porque sei que fizeram o seu melhor, dentro do nível de consciência que tinham naquele momento.

Perdoo e peço perdão a todos que compartilham sua vida comigo neste momento.

Perdoo e peço perdão a todos que fizeram parte da minha história, em algum momento.

Perdão pelo perdão em si.

Neste momento, corto todo e qualquer laço de sofrimento, desejando apenas que você seja feliz, que siga o seu caminho, assim como eu sigo o meu caminho.

Sinto apenas amor e gratidão.

[pausa rápida]

Neste momento, deixo ir tudo o que passou; tudo o que fica é aprendizado, apenas aprendizado.

Gratidão!

Escolho, agora, limpar todas as memórias de dor e sofrimento que carrego no meu corpo e na minha mente.

Por isso, peço perdão por todos os julgamentos, medos, culpas, mágoas, tristezas; por todas as vezes que me afastei do amor.

Peço perdão por tudo o que não me agrada na minha vida presente, porque sei que sou eu que crio a minha realidade.

Permito que todos os bloqueios gerados pela minha mente sejam dissolvidos na luz do amor, agora!

Eu escolho agora entregar, confiar.

Deixo de tentar controlar a vida, de controlar os outros, porque confio no fluxo da Vida.

Ao assumir que eu não tenho o controle de nada, eu ganho o controle de tudo.

Eu permito que o fluxo de abundância do Universo se manifeste em mim, e através de mim.

*[pausa rápida]*

Deixo de buscar amor, reconhecimento ou aprovação dos outros, porque sei que tudo o que preciso está em mim.

Deixo ir... Deixo fluir.

Em perfeito alinhamento com o fluxo de abundância do Universo.

Deixo ir… Deixo fluir.

Neste momento, limpo minha mente e abro o meu coração para a luz, para o amor, para a alegria.

Tudo o que existe em mim é luz, é amor, é alegria.

Eu irradio luz, amor, alegria.

Gratidão!

*[pausa de 1 a 3 minutos, com os olhos fechados]*

Faça uma respiração profunda, una suas mãos em prece, em frente ao coração. Agradeça por este momento de conexão e alinhamento, por esta meditação!

**Namastê.**

Diário do Meditar Transforma

Dia 08 - O que senti com esta meditação?

# MEDITAÇÃO 09

## Para Liberar Bloqueios da Abundância

> Essa meditação atua nas camadas mais profundas da sua mente, auxiliando na remoção de todos os bloqueios que o impedem de criar e manifestar a realidade que você deseja.
>
> Ela utiliza símbolos poderosos que falam para a sua mente subconsciente. Por isso, não tente racionalizar ou julgar, apenas abra o seu coração, para que esta poderosa meditação o reconecte com o fluxo de abundância.

Acomode seu corpo. Faça uma respiração profunda.

Solte todas as tensões, solte todas as preocupações.

Relaxe a sua mente. Abra o seu coração. Coloque-se em alinhamento com a Energia Essencial, em estado de permissão, abra o seu coração.

*[pausa rápida]*

Imagine, visualize, ou simplesmente acredite, que agora você está no alto de uma montanha, olhando o céu, sentindo o vento, contemplando o espaço, o infinito.

Você vê as nuvens se movimentando rapidamente no céu; o vento está morno, e o céu começa a escurecer; o ar fica mais carregado, existe uma certa tensão e parece que logo começará a chover.

Você respira fundo e sente esta energia, sente a tensão. Raios começam a se formar no horizonte; a escuridão aumenta, e uma tempestade está prestes a acontecer; você sente a eletricidade presente no ar.

*[pausa rápida]*

De repente, a chuva começa com força; pingos grossos começam a cair; a molhar a terra, a molhar o seu rosto, o seu corpo, a lavar a sua alma.

Toda a carga, toda a tensão, toda a negatividade se dissolvem com a chuva que cai com força e tranquilidade.

*[pausa rápida]*

Aos poucos, a chuva passa a diminuir, os raios de sol começam a surgir por entre as nuvens e o sol volta a brilhar no horizonte.

O céu está limpo, azul. Você respira profundamente; a alegria, a paz e a confiança brotam com força no mais profundo do seu coração.

A luz dourada do Sol ilumina o horizonte, ilumina o seu rosto, o seu corpo, o seu coração.

E tudo o que você sente é gratidão e alegria por estar vivo, por fazer parte deste Universo em expansão.

Você sente o alinhamento com a Energia Essencial. Você sente o fluxo de abundância do Universo fluindo em você e através de você.

*[pausa rápida]*

Enquanto você afirma mentalmente:

Eu permito agora me libertar de todas as falhas do passado, deixar ir todas as cobranças e limitações que me impedem de ser tudo o que eu nasci para ser, conscientes ou inconscientes.

Eu permito agora me libertar de todos os medos, frustrações e negatividades que bloqueiam o fluxo de abundância em minha vida.

Permito agora me libertar dos apegos e projeções que me afastam do alinhamento com a minha essência.

*[pausa rápida]*

Escolho agora libertar os meus pais do sentimento de que já falharam comigo.

Agradeço aos meus avós, a todos os meus antepassados, a toda a ancestralidade, que me permitiram ter esta experiência de vida.

Liberto-os de todas as falhas do passado, de todos os desejos não realizados, porque sei que fizeram o seu melhor, dentro do nível de consciência que tinham naquele momento.

Sinto apenas amor e gratidão.

*[pausa rápida]*

Eu deixo de tentar controlar a vida.

Eu deixo de tentar controlar os outros.

Ao assumir que não tenho o controle de nada, eu ganho o controle de tudo.

Permito que o fluxo de abundância do Universo se manifeste em mim e através de mim.

*[pausa rápida]*

Sei que a minha felicidade não depende do que os outros fazem.

Sei que a minha felicidade não depende das situações que acontecem.

Sei também que a felicidade dos outros não é minha responsabilidade, e renuncio ao papel de salvador, de ser aquele que cumpre as expectativas dos outros.

Sei que a minha felicidade depende do meu alinhamento com a Energia Essencial.

Honro e reconheço a energia, o amor, o divino que eu sou.

Sou totalmente responsável por permitir que a felicidade se manifeste em minha vida.

*[pausa]*

Eu sou livre.

Cumpro o meu propósito de vida com amor e sabedoria.

Sou uma consciência em expansão, e estou aprendendo através do amor.

Estou em alinhamento com a Energia Essencial. Sou uma extensão do divino, do Criador. Sou a Energia Divina em ação.

*[pausa de 1 a 3 minutos, com os olhos fechados]*

Faça uma respiração profunda, una suas mãos em prece, em frente ao coração. Agradeça por este momento de conexão e alinhamento, por esta meditação!

**Namastê.**

**Diário do Meditar Transforma**

**Dia 09 - O que senti com esta meditação?**

_____
_____
_____
_____
_____
_____

# MEDITAÇÃO 10

## Alinhamento com o Fluxo da Abundância

> Esta meditação é muito poderosa, porque ela alinha a sua energia com a energia de abundância do Universo. Você irá entrar no fluxo.
>
> Quando você entra no fluxo, as oportunidades aparecem, as coisas dão certo, você cresce e prospera. Não é sorte, é alinhamento com o fluxo de abundância do Universo.

Acomode o seu corpo e faça três respirações mais profundas, inspirando e expirando bem devagar.

*[pausa rápida]*

Sinta o seu corpo relaxado. Sinta o seu rosto sem tensão. Sinta o ar que entra e o ar que sai, sem interferir na sua respiração.

*[pausa rápida]*

Neste momento, elevo os meus pensamentos a Deus, a força criadora do Universo, e me coloco em alinhamento com a Energia Essencial.

Escolho agora me conectar com a energia da Sabedoria Divina.

Abro o meu coração e o conecto com o coração do Universo.

A sabedoria divina flui em mim e através de mim. A sabedoria é um fluxo que me preenche, que flui para mim e através de mim. A sabedoria divina me permite reconhecer o que é real, o que é verdade e assim dissolve todas as ilusões e enganos.

A sabedoria divina é a luz que ilumina o meu coração, ilumina o meu caminho, que contém todas as respostas.

A sabedoria divina me permite enxergar as novas oportunidades e fazer as melhores escolhas.

A sabedoria divina me permite enxergar quem sou eu de verdade e dissolver qualquer tipo de ilusão, projeção ou engano.

*[pausa rápida]*

Neste momento, me conecto com a força que sustenta a vida; me conecto com a energia da Mãe Terra, a energia que me permite tornar real, no plano material, tudo o que eu desejo em pensamento; que me traz força e coragem para ser o meu "eu" de verdade.

Reconheço minhas raízes; me sinto sustentado, amparado, protegido, confiante. Sinto uma força que flui em mim e através de mim; sinto o fluxo de abundância fluir em mim e através de mim.

Escolho agora ativar o meu poder criador, a força para manifestar a sabedoria divina e realizar a verdade do meu coração.

Sinto a força, a coragem e a alegria. Escolho ser quem sou de verdade!

Estou em alinhamento com o fluxo da vida!

Sou a Energia Essencial em ação!

Realizo a verdade do meu coração!

*[pausa rápida]*

Neste momento, me conecto com a essência divina que habita o meu coração; com a minha essência; sinto a energia do amor puro e incondicional.

Eu me reconheço como uma extensão da Energia Essencial, da energia divina, do Criador.

Sei que sou muito mais do que este corpo e esta mente. Sei que eu sou uma consciência infinita, livre de limitação. Reconheço-me como um ser espiritual, vivendo uma existência material. Reconheço-me como uma extensão de Deus.

Hoje, sei que eu sou Deus em ação!

Por isso, tudo o que existe em mim é amor: amor por mim; amor por todos os que me cercam; amor pela vida; amor por poder servir e evoluir; amor incondicional, aceitando o ser perfeitamente imperfeito que eu sou, um ser em evolução.

Peço que eu tenha humildade para aceitar que não sou diferente dos outros; para entender que não sou melhor nem pior que ninguém; para permitir que a energia do amor flua em mim e através de mim.

[pausa rápida]

Que eu seja humilde para ouvir a voz da minha alma, da minha essência, a verdade do meu coração.

Que eu seja humilde para ver o invisível aos olhos, para reconhecer o que é real, para conseguir enxergar além das ilusões.

Que eu seja humilde para aprender os mistérios da vida, porque evoluir é um ato de "humildação".

Neste momento, me abro para a vida. Neste momento, me conecto com o infinito, com a Energia Essencial.

Em perfeito alinhamento, sinto o fluxo da Energia Essencial em mim e através de mim... Eu sinto o fluxo de Abundância em mim e através de mim.

*[pausa de 1 a 3 minutos, com os olhos fechados]*

Faça uma respiração profunda, una as suas mãos em prece, em frente ao coração. Agradeça por este momento de conexão e alinhamento, por esta meditação!

**Namastê.**

### Diário do Meditar Transforma
### Dia 10 - O que senti com esta meditação?

# MEDITAÇÃO 11

## Para Ativar o Poder de Decisão e Fazer Escolhas

> Esta meditação ativa a sua força interior e a energia criativa, permitindo que você realize tudo o que o seu coração sonhar, para que você possa reconhecer as novas oportunidades e fazer as melhores escolhas, a fim de ter uma vida de saúde, prosperidade e felicidade.

Acomode o seu corpo de forma confortável e faça algumas respirações profundas.

*[pausa rápida]*

Volte para dentro de si, neste momento, enquanto afirma:

Respiro profundamente e sinto paz dentro de mim.

Respiro mais profundamente e sinto um nível ainda mais profundo de paz no meu coração, no meu corpo, na minha mente.

Sinto o fluxo da Energia Essencial em mim e através de mim.

Sinto o fluxo de Abundância em mim e através de mim.

A prosperidade é um fluxo que me preenche, que flui para mim e através de mim.

*[pausa rápida]*

Sei que posso ser, fazer e ter tudo o que desejar.

Sei que sou o criador da minha realidade. Estou consciente de que sou eu que crio a minha realidade, consciente ou inconscientemente.

Sei que a minha realidade exterior é o reflexo da minha realidade interior.

*[pausa rápida]*

Tenho a liberdade de criar a vida que desejo ter, tenho o poder de escolher.

A cada dia, a cada hora, a cada instante, tenho o poder de escolher. Tenho a liberdade de criar a vida que desejo ter, porque sou eu que domino a minha mente, o meu corpo. Sou eu, a consciência infinita, a Energia Essencial, quem está no comando da minha vida.

Sinto o fluxo de Energia Essencial em mim e através de mim.

Sinto o fluxo de Abundância em mim e através de mim.

A prosperidade é um fluxo que me preenche, que flui para mim e através de mim.

*[pausa rápida]*

Escolho agora me libertar de todos os julgamentos, de todas as projeções, de todas as expectativas, de toda e qualquer cobrança ou busca pela perfeição, imposta pela minha própria mente, imposta pelas outras pessoas.

Escolho agora me libertar de todas as culpas, de todas as mágoas, de todas as frustrações e desejos não realizados.

Escolho agora me libertar da carência e falta de amor, do medo da rejeição e da busca por aprovação.

Escolho agora me libertar de tudo o que me prende ao passado, de tudo o que rouba a minha energia.

Escolho agora deixar ir, desapegar, me libertar, criar espaço dentro de mim.

Escolho a paz, a tranquilidade, a serenidade.

Respiro profundamente e sinto paz dentro de mim.

Sei que a minha realidade exterior é o reflexo da minha realidade interior.

*[pausa rápida]*

Escolho agora me alinhar com a Energia Essencial, me conectar com a consciência infinita que sou, com o poder criador que existe em mim.

Escolho agora ser alegre, amoroso, confiante e levar o dia com tranquilidade.

Escolho ser gentil e amável, comigo mesmo e com os outros; escolho sempre dizer a verdade, com respeito e delicadeza.

Escolho agora ser corajoso, não me estressar por qualquer problema, não permitir que a minha mente seja dominada por medos ou preocupações.

Escolho agora focar nas soluções, ser positivo, otimista, ter fé em mim; ter fé na vida.

Escolho agora me alinhar com a Energia Essencial e permitir que o fluxo de abundância flua em mim e através de mim.

A prosperidade, a saúde, a abundância são fluxos que me preenchem, que fluem para mim e através de mim.

*[pausa rápida]*

Escolho agora estar alinhado com o fluxo da abundância do Universo, com a Energia Essencial, e permito que o novo se manifeste em minha vida.

Escolho crescer, evoluir, aprender e expandir a minha consciência.

Escolho agora dar o meu melhor em qualquer situação.

Escolho agora ser quem sou eu de verdade.

Escolho agora viver a minha missão, amar, servir, evoluir e ser feliz!

Escolho agora ser o criador intencional da minha realidade, porque apenas eu tenho o poder de criar o futuro que desejo para mim.

Tenho a liberdade de criar a vida que desejo ter; tenho o poder de escolher.

A cada dia, a cada hora, a cada instante, tenho o poder de escolher, tenho liberdade de criar a vida que desejo ter.

Tudo começa e termina em mim! Tudo começa e termina em mim!

Escolho a prosperidade, a abundância e a felicidade.

Escolho a alegria, o amor e a coragem.

Escolho ser quem sou de verdade.

*[pausa de 1 a 3 minutos, com os olhos fechados]*

Faça uma respiração profunda, una as suas mãos em prece, em frente ao coração. Agradeça por este momento de conexão e alinhamento, por esta meditação!

**Namastê.**

---

**Diário do Meditar Transforma**
**Dia 11 - O que senti com esta meditação?**

_____
_____
_____
_____
_____

# MEDITAÇÃO 12

## Para Relaxar Profundamente

Esta meditação irá permitir o acesso a um nível de paz e relaxamento muito profundo. Ao mesmo tempo que irá sentir todas as tensões sendo dissolvidas, você se sentirá energizado.

Ela é incrivelmente poderosa, porque do mesmo modo que você se sente mais calmo, sente-se mais energizado e confiante.

É importante não julgar durante a meditação. Caso surjam pensamentos durante a prática, não julgue. Simplesmente, volte a atenção para a meditação novamente, e está tudo bem.

A meditação atua nas camadas mais profundas da sua mente, utilizando símbolos poderosos (que é a linguagem do seu subconsciente), para conseguir acessar uma nova frequência de energia.

Acomode o seu corpo de forma confortável, relaxe seus ombros, a sua nuca, suavize o seu rosto.

Respire lenta e profundamente, algumas vezes, inspirando e expirando, devagar, sem pressa.

Observe a sua respiração.

*[pausa rápida]*

Agora, imagine, visualize ou simplesmente acredite que você se encontra no alto de uma montanha.

O sol está se pondo. Você está ali, olhando o horizonte, olhando o infinito ao seu redor.

Você está no alto dessa montanha, respirando o ar puro, sentindo o vento fresco entrando em contato com o espaço infinito ao seu redor.

Quando você inspira, se preenche de energia positiva; quando você expira, solta as tensões, libera todas as negatividades.

Inspirando e expirando, vá criando espaço dentro de você.

Permita que sua energia se renove. Deixe ir tudo o que não serve mais a cada expiração, e deixe o ar puro preencher você, a cada inspiração.

*[pausa rápida]*

Contemple o horizonte infinito à sua frente, neste momento. Veja o azul do céu sendo colorido pelos últimos raios de sol. Veja a beleza desse colorido que se forma neste momento.

Sinta o espaço infinito à sua volta; sinta este mesmo espaço dentro de você.

Este é o momento de você deixar ir tudo o que não serve mais, de encerrar ciclos, de se libertar do "velho você"; é o momento de criar espaço dentro de si.

Respire com atenção e deixe ir a cada expiração; abra espaço e a cada inspiração renove a sua energia, se preencha de luz, de amor, de gratidão.

Sinta este espaço dentro de você, sinta que você vai ficando mais leve, maior por dentro... Sinta o "novo você" se manifestando.

*[pausa rápida]*

Sinta a energia do sol que se põe no horizonte, os raios de luz dourada que iluminam a sua pele; sinta um calor suave e gostoso preencher você neste momento.

Você se sente amparado, acolhido, seguro, amado; você confia em si, confia no fluxo da vida.

Sinta a luz do sol preencher você neste momento, e você sente que tudo está certo, que tudo é como tem que ser.

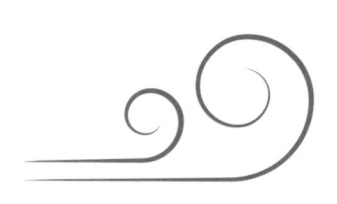

*[pausa rápida]*

Você sente o vento suave que sopra; um vento morno que toca os seus cabelos, o seu rosto.

Este vento leva embora tudo que não serve mais neste momento, e traz com ele o novo, aquilo que você deseja manifestar na sua vida.

Deixe que o vento leve todas as negatividades, tudo o que limita a sua evolução.

Deixe que o vento traga infinitas bênçãos e novas oportunidades para sua vida.

*[pausa rápida]*

Você olha para o vasto horizonte à sua frente, ali no alto da montanha; observa o sol se pondo atrás das montanhas, lá longe, no infinito do azul do céu, colorindo este momento de uma forma única e especial.

E você agradece por se lembrar que você também é único e especial. Agradece por esse momento; agradece por fazer parte do todo; agradece por estar fluindo no fluxo do Universo, em perfeita harmonia e alinhamento.

Agora, você simplesmente observa o horizonte, em paz, sentindo que tudo está certo. Você confia na vida, confia no fluxo de abundância do Universo.

*[pausa de 1 a 3 minutos, com os olhos fechados]*

Faça uma respiração mais profunda, una as suas mãos em prece, em frente ao coração. Agradeça por este momento de conexão e alinhamento, por esta meditação!

**Namastê.**

---

**Diário do Meditar Transforma**
Dia 12 - O que senti com esta meditação?

# MEDITAÇÃO 13

## Para Aumentar Concentração e Foco

Esta meditação é a mais poderosa que existe para remover a tensão mental.

Ela vai dissolver bloqueios ocultos na sua mente, remover o esgotamento mental e o excesso de pensamentos, permitindo-o de acessar um nível de concentração e foco extraordinário.

Para fazer esta meditação, você irá precisar de uma vela (qualquer uma serve).

Acenda a vela e a posicione à sua frente (aproximadamente 30 cm). Durante a meditação, você irá focalizar o seu olhar na chama. Por isso, é importante que ela esteja em uma posição que o permita manter os olhos entreabertos, olhado num ângulo de 45º à sua frente.

É o seu olhar que deve estar inclinado na direção da vela, e não o seu rosto. Certifique-se que o seu queixo permaneça paralelo, alinhado, com o chão, sem gerar tensão no pescoço.

Acomode o seu corpo, ajuste a posição da vela.

A partir de agora, mantenha o olhar focado na chama da vela o maior tempo possível, sem piscar.

Deixe que o seu olho se encha de lágrima, porque isso vai ajudar a limpar a sua mente, o esgotamento mental e o excesso de pensamentos.

Enquanto estiver olhando para chama da vela, respire profundamente.

Evite piscar e perceba as diferentes tonalidades de cores que existe nessa chama luminosa.

Continue respirando profundamente, enquanto você se mantém atento a essa chama luminosa. Deixe a sua visão saturar com a chama da vela.

Nesse momento, tudo o que importa é respirar e observar essa chama luminosa.

Continue concentrado nesta chama. E quanto mais você observa a luz, mais calmo você vai ficando, mais tranquilo você se sente, mais a sua mente vai relaxando.

Você sente que, aos poucos, você se une a essa luz; você e essa luz não são mais separados; você e a luz são um só.

Sua mente e sua consciência se iluminam neste momento; você se sente luz.

Permaneça por alguns minutos nesta luz, mantendo o seu olhar na luz, sendo um com esta luz...

*[pausa de 1 a 3 minutos, com os olhos fechados]*

Faça uma respiração profunda, una as suas mãos em prece, em frente ao coração. Agradeça por este momento de conexão e alinhamento, por esta meditação!

**Namastê.**

### Diário do Meditar Transforma
### Dia 13 - O que senti com esta meditação?

# MEDITAÇÃO 14

## O Poder da Gratidão do Coração

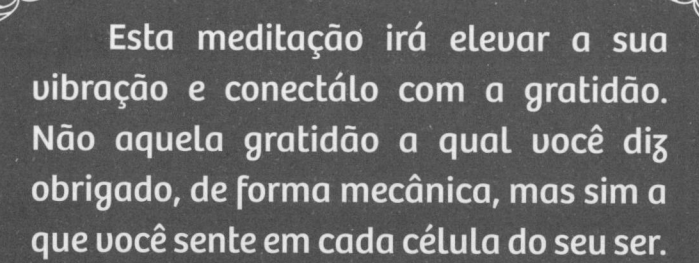

> Esta meditação irá elevar a sua vibração e conectálo com a gratidão. Não aquela gratidão a qual você diz obrigado, de forma mecânica, mas sim a que você sente em cada célula do seu ser.
>
> Não importa se você é feliz ou não, se acredita ou não que tem motivos para agradecer. Entenda: a felicidade não gera gratidão, porém a gratidão gera felicidade.
>
> Por isso, se quiser ser feliz, se sentir realizado, ter prosperidade, comece por sentir a gratidão dentro de você. Sentir gratidão não é pensar gratidão.
>
> Vamos lá!

Acomode o seu corpo confortavelmente. Faça algumas respirações profundas.

Inspire, leve o ar para a barriga. Expire, lenta e profundamente, esvaziando completamente os pulmões.

Relaxe o corpo, solte todas as tensões.

Relaxe a mente, solte todas as preocupações.

Volte para dentro de você. Conecte-se com a sua consciência, com a sua essência, com a sua Energia Essencial.

Respire devagar, sem pressa. Sinta o ar entrando e saindo, permitindo que a cada meditação a sua mente relaxe, se acalme, e sua consciência se expanda cada vez mais.

*[pausa rápida]*

Afirme internamente:

Já tenho tudo o que preciso para ser feliz!

Estou em paz comigo mesmo.

Estou em paz com o momento presente, porque, no mais fundo do meu coração, sei que tudo está como tem que ser, que tudo está certo, que tudo está bem.

Gratidão! Gratidão, do fundo do coração!

*[pausa rápida]*

Sei que se ainda experimento dor, sofrimento, limitação ou escassez em alguma área da minha vida, é porque, em algum momento do meu passado, desconectei-me do fluxo de Abundância do Universo, da Energia Essencial, da fonte criadora da vida.

E está tudo bem! Porque eu escolho agora me reconectar, me alinhar com a Energia Essencial, e permitir que o fluxo de Abundância do Universo flua em mim e através de mim.

Sinto o fluxo de Energia Essencial em mim e através de mim.

Sinto o fluxo de Abundância em mim e através de mim.

Recebo a abundância em todas as áreas da minha vida!

Gratidão! Gratidão, do fundo do coração!

*[pausa rápida]*

Tudo o que estou vivendo ou experienciando em minha vida, está me ensinando, me preparando, me fortalecendo.

A cada dia que passa, sinto-me mais forte, confiante, com mais determinação e motivação para realizar os meus sonhos.

A cada dia, sinto-me mais conectado, mais alinhado, em estado de permissão.

Dentro de mim existe uma força infinita capaz de superar qualquer problema, obstáculo ou limitação.

Gratidão! Gratidão, do fundo do coração!

*[pausa rápida]*

Estou em paz com tudo o que já aconteceu na minha vida, com tudo o que acontece e irá acontecer na minha vida.

Confio em mim, confio na Energia Essencial, confio no fluxo do Universo para criar uma vida incrível e abundante.

Tenho a certeza de que coisas maravilhosas estão por vir.

Aceito novas experiências; permito que o novo se manifeste na minha vida.

Gratidão! Gratidão, do fundo do coração!

*[pausa rápida]*

Tenho tudo o que preciso para ser feliz!

Sinto o fluxo de Abundância do Universo em mim e através de mim.

Recebo a abundância em todas as áreas da minha vida, porque estou em alinhamento com a Energia Essencial!

Gratidão! Gratidão, do fundo do coração!

*[pausa rápida]*

Já tenho tudo o que preciso para ser feliz!

Sinto-me preenchido pelo fluxo de abundância do Universo.

Estou em estado de permissão e confio que tudo vem a mim no tempo exato, no momento certo.

Estou em estado de permissão e sigo no fluxo de abundância do Universo.

Sei e sinto que já tenho tudo o que preciso para ser feliz!

Gratidão! Gratidão, do fundo do coração!

*[pausa de 1 a 3 minutos, com os olhos fechados]*

Faça uma respiração profunda, una as suas mãos em prece, em frente ao coração. Agradeça por este momento de conexão e alinhamento, por esta meditação!

**Namastê.**

---

**Diário do Meditar Transforma**
**Dia 14 – O que senti com esta meditação?**

_____
_____
_____
_____
_____

# MEDITAÇÃO 15

## Declaração MM - Manifesto da Missão

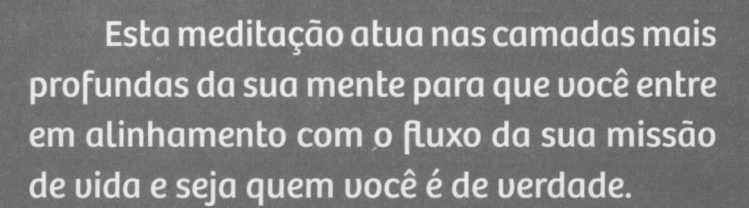

> Esta meditação atua nas camadas mais profundas da sua mente para que você entre em alinhamento com o fluxo da sua missão de vida e seja quem você é de verdade.
>
> Ao entrar em alinhamento com o fluxo da sua missão de vida, você ganha benefícios em todas as áreas: prosperidade material, relacionamentos incríveis, ótimas oportunidades, isto é, entra num fluxo onde as coisas passam a dar certo para você.
>
> Não é sorte, é alinhamento com a sua missão de vida, com o seu "eu" de verdade!

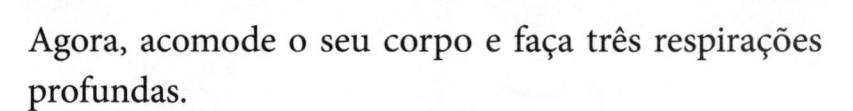

Agora, acomode o seu corpo e faça três respirações profundas.

Relaxe e libere todas as tensões. Relaxe sua mente e deixe ir todas as preocupações.

*[pausa rápida]*

Afirme internamente.

Prometo a mim mesmo:

Ser quem sou de verdade, viver a minha missão, sem deixar que coisas externas ou pessoas roubem a força e a coragem do meu coração.

AMAR a mim mesmo e aos outros, sem cobranças e busca por perfeição, aceitando a natureza perfeitamente imperfeita de cada um.

Respeitar a verdade de cada um, sem julgar ou criticar, e principalmente respeitar a minha verdade.

Sempre acreditar no meu potencial, sem permitir que dúvidas ou fracassos me façam desistir no meio do caminho.

*[pausa rápida]*

Prometo a mim mesmo:

SERVIR ao mundo com meus dons, talentos e habilidades, sem esperar reconhecimento ou aprovação das pessoas.

Ser apenas o melhor. Fazer apenas o melhor. Sentir apenas o melhor. Esperar apenas o melhor.

Viver com a certeza de que, quando dou o meu melhor para a vida, a vida me proporciona o melhor que ela tem.

*[pausa rápida]*

Prometo a mim mesmo:

EVOLUIR todos os dias, buscando investir tempo e energia em mim, expandindo a minha consciência com novos conhecimentos e experiências.

Deixar o "velho eu" para trás, para ser o "novo eu" que desejo ser! Encerrar ciclos, mudar hábitos e abrir espaço para o novo se manifestar.

Ser tão forte e estar tão alinhado com a minha essência, que nada seja capaz de perturbar a minha paz interior e me desalinhar do fluxo da minha missão.

*[pausa rápida]*

Prometo a mim mesmo:

SER FELIZ agora, esquecer os erros do passado, lembrando que o meu passado não define o meu futuro. O meu futuro é definido pelo momento presente.

Inspirar as pessoas à minha volta com a alegria e o amor existentes em mim. Compartilhar sorrisos e gentilezas com pequenas ações.

Manter a minha energia elevada, com Atenção Positiva no Presente (APP) e Intenção Direcionada no Futuro (IDF), a fim de permitir que a prosperidade e a abundância se manifestem em todas as áreas da minha vida.

*[pausa rápida]*

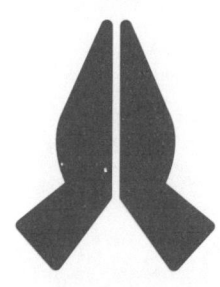

Prometo a mim mesmo:

Ser quem sou de verdade, e não quem os outros esperam que eu seja, seguindo o fluxo contínuo e ascendente da minha missão.

Porque, se o meu coração sonhar, eu tenho o dever de realizar! Se o meu coração sonhar, eu sou capaz de realizar! Se o meu coração sonhar, eu mereço realizar!

Eu estou em perfeito alinhamento quem sou eu de verdade... com o fluxo do Universo...

*[pausa de 1 a 3 minutos, com os olhos fechados]*

Faça uma respiração profunda, una as suas mãos em prece, em frente ao coração. Agradeça por este momento de conexão e alinhamento, por esta meditação!

**Namastê.**

### Diário do Meditar Transforma
### Dia 15 - O que senti com esta meditação?

# MEDITAÇÃO 16

## Se o meu coração sonhar, eu tenho o dever de realizar

> Esta meditação irá dissolver dúvidas, medos e incertezas. Ela permite que você ouça a voz do seu coração e seja quem você é de verdade.
>
> A prosperidade só irá se manifestar na sua vida quando você for quem é de verdade. Você só irá se sentir feliz e realizado quando for quem você é de verdade. Você só irá atrair pessoas incríveis e novas oportunidades quando você for quem é de verdade.

Agora, acomode o seu corpo e faça algumas respirações profundas.

Inspirando e expirando devagar. Respire lenta e profundamente.

*[pausa rápida]*

Volte para dentro de você e conecte-se com a sua consciência, com a sua essência, com a sua Energia Essencial.

Seu corpo é energia, sua mente é energia, você é energia. Tome consciência desta verdade já comprovada pela ciência.

Relaxe a sua mente e permita-se entrar em contato com o seu campo de energia. Permita que a cada meditação sua mente relaxe e sua consciência se expanda, para que consiga sentir esta conexão com a sua energia, com o seu "eu" de verdade, de forma mais intensa.

Afirme internamente:

Tudo que o meu coração sonhar, eu tenho o dever de realizar!

Existe apenas uma energia no Universo: aquela que flui em mim e através de mim.

Apenas uma energia: perfeita, ilimitada, completa e abundante.

Escolho agora entrar em alinhamento com esta Energia Essencial.

Escolho agora permitir que o fluxo de Abundância do Universo flua em mim e através de mim.

Escolho agora ser quem sou de verdade.

Escolho agora realizar tudo aquilo que o meu coração sonhar.

*[pausa rápida]*

Porque, se o meu coração sonhar, eu tenho o dever de realizar. Se o meu coração sonhar, eu sou capaz de realizar. Se o meu coração sonhar, eu mereço realizar.

*[pausa rápida]*

O fluxo de abundância me permite realizar todos os meus desejos e necessidades.

Sinto-me alegre, feliz, saudável e próspero.

Tenho energia e disposição.

Realizo a minha missão.

*[pausa rápida]*

Sinto a abundância em todas as áreas da minha vida.

Sinto o fluxo de abundância em mim e através de mim. A prosperidade, a saúde, a abundância, a alegria é um fluxo que me preenche, que flui para mim e através de mim.; que me permite realizar tudo aquilo que o meu coração sonhar.

*[pausa rápida]*

Porque, se o meu coração sonhar, eu tenho o dever de realizar. Se o meu coração sonhar, eu sou capaz de realizar. Se o meu coração sonhar, eu mereço realizar.

*[pausa rápida]*

Não preciso buscar a abundância, simplesmente, preciso reconhecer o que já está aqui, permitindo que a abundância do Universo flua através de mim.

Reconheço a abundância dentro e fora de mim.

Reconheço a abundância nos infinitos grãos de areia que brilham na praia, nas cintilantes estrelas que iluminam a noite no céu, nas milhões de células que compõe este meu corpo, que é composto das mesmas moléculas presentes em todo o Universo.

Na natureza, no Universo, e até em mim mesmo, tudo o que existe é abundância.

Um fluxo de abundância ilimitada, que me permite realizar e manifestar todos os desejos do meu coração.

Se o meu coração sonhar, eu tenho o dever de realizar. Se o meu coração sonhar, eu sou capaz de realizar. Se o meu coração sonhar, eu mereço realizar.

*[pausa rápida]*

Agora, sei que os desejos do meu coração estão ao meu alcance.

Sempre que eu estiver em alinhamento com a Energia Essencial e me permitir recebê-los.

Sempre que eu compartilhar os meus dons com o resto do mundo.

Sempre que eu permitir que o fluxo de abundância do Universo flua em mim, e através de mim.

Sei que posso ser, fazer e ter tudo o que desejar.

Porque sou uma consciência infinita e ilimitada; porque sou uma extensão da Energia Essencial que criou (e cria) tudo o que existe.

Reconheço o poder criador que existe em mim; reconheço a força criativa que pulsa e vibra em cada célula do meu ser.

Sou eu que crio a minha realidade; tenho liberdade de criar a vida que desejo ter.

Escolho agora o amor, a alegria, a prosperidade, porque, se o meu coração sonhar, eu tenho o dever de realizar. Se o meu coração sonhar, eu sou capaz de realizar. Se o meu coração sonhar, eu mereço realizar.

*[pausa rápida]*

Sou capaz de fazer coisas grandiosas.

Sou abençoado com talentos infinitos e utilizo esses

talentos todos os dias.

Confio em mim, confio na Energia Essencial, confio no fluxo de Abundância do Universo, para criar uma vida incrível, feliz e cheia de realização.

Sei que sou capaz de realizar tudo o que desejar.

Sei que sou capaz de realizar tudo o que o meu coração sonhar.

Se o meu coração sonhar, eu tenho o dever de realizar!

Sinta-se confiante… cheio de energia… alegre…. sinta-se conectado com seu coração… com a energia essencial… e permaneça em silêncio nesta sintonia nos próximos minutos…

*[pausa de 1 a 3 minutos, com os olhos fechados]*

Faça uma respiração profunda, una as suas mãos em prece, em frente ao coração. Agradeça por este momento de conexão e alinhamento, por esta meditação!

**Namastê.**

## Diário do Meditar Transforma
### Dia 16 - O que senti com esta meditação?

# MEDITAÇÃO 17

## Ventilador Curativo

> Esta meditação libera bloqueios emocionais profundos, limpa padrões de sofrimento emocional e ativa o seu poder de cura interior.
>
> Esta meditação utiliza símbolos poderosos que falam para a sua mente subconsciente. Por isso, não tente racionalizar ou julgar, apenas abra o seu coração e se coloque em estado de permissão.

Acomode o seu corpo, na sua postura de meditação, e observe a sua respiração, o ar que entra, o ar que sai...

Aprofunde um pouco mais a sua respiração, respire através do seu abdômem. Ao inspirar, a sua barriga sobe. Ao expirar, a sua barriga desce. Respire através de cada célula do seu corpo. Respire o mais devagar e o mais profundo que você conseguir. Coloque toda a sua atenção na respiração.

A qualidade das suas emoções, dos seus pensamentos e sentimentos dependem da qualidade da sua respiração.

Então aproveite este momento para fazer uma reoxigenação em todo o seu corpo, de cada célula do seu organismo. Respire lenta e profundamente. Expire, esvaziando completamente os pulmões e deixando ir todo o ar velho. Inspire um ar renovado, mais puro e cheio de energia.

Sinta a sua barriga subindo e descendo com a respiração... Sinta que a respiração acontece com todo o seu corpo, em cada célula. Assim como a sua barriga sobe e desce a cada respiração, todo o seu corpo cresce e se expande a cada inspiração. Todo o seu corpo se esvazia e se recolhe a cada expiração. Sinta este movimento acontecendo, sinta todo o seu corpo respirando.

Sinta a sua energia, sinta que você já está mais relaxado e muito mais presente.

Sinta o fluxo natural da sua respiração.

Agora, leve a sua atenção para o seu coração. Visualize, sinta e acredite que ali, no centro do seu peito, existe um ventilador com 4 hélices. Este ventilador é feito de um cristal muito puro e poderoso.

Visualize e sinta este ventilador de cristal no centro do seu peito.

E você observa que este ventilador começa a girar no sentido anti-horário. Devagar, de forma muito lenta, suas hélices começam a se mover da direita para esquerda.

À medida que o ventilador de cristal vai girando no sentido anti-horário no seu peito, começa a emitir uma luz. Essa luz é muito intensa e brilhante. Quanto mais você se concentra neste ventilador de cristal, mais rápido ele gira e mais intensa é a luz que ele emite.

Ao girar, ele emite uma luz e faz soprar um vento fresco, uma brisa refrescante.

Você sente que o seu peito vai ficando leve. Você sente um frescor preencher o seu coração e todo o seu peito vai ficando iluminado.

Ao girar no sentido anti-horário, este ventilador de cristal faz uma profunda limpeza em todos os níveis do seu ser: físico, mental, emocional e espiritual.

Ele vai levando embora tudo o que passou e não serve mais. Leva embora todas memórias de dor, de sofrimento, de perda, de mágoa, de arrependimento, de culpa. Também leva embora toda e qualquer tensão e negatividade.

Solte, libere, deixe ir... Crie espaço dentro do seu coração.

Deixe que a luz e o vento que este ventilador de cristal emite limpem o seu coração e expulsem do seu campo de energia todos os bloqueios, tensões e negatividades... tudo o que já passou.

Você vai se sentindo cada vez mais leve.

*[pausa rápida de 10 segundos]*

Aos poucos, o giro deste ventilador de cristal vai diminuindo, diminuindo, diminuindo até parar completamente.

Respire profundamente.

*[pausa rápida de 10 segundos]*

Agora, este ventilador de cristal começa a girar novamente, só que desta vez no sentido horário, da esquerda para a direita.

À medida que o ventilador de cristal vai girando no sentido horário do seu peito, começa a emitir uma luz. Essa luz é muito intensa e brilhante. Ela começa a soprar um vento morno e você sente um calor suave e gostoso preencher o seu coração.

Quanto mais você se concentra, sente, acredita e visualiza, mais rápido ele gira e mais intensa é a luz que ele emite. Assim, você sente mais calor no seu coração.

Você sente que todo o seu peito vai ficando iluminado. Você se sente preenchido de amor, alegria e gratidão. Você se sente tranquilo, sereno, em paz. Você se sente confiante e cheio de vontade de viver. Você se sente amado, amparado e seguro, se sente focado, concentrado e cheio de determinação. Sente o seu coração transbordar de coragem, humildade e motivação. Você se sente cheio de saúde e energia. Você se sente capaz de realizar tudo o que o seu coração sonhar. Você se sente merecedor de realizar tudo o que o seu coração sonhar.

Esta luz ativa a energia da cura em todos os níveis e o conecta ao fluxo da abundância e da prosperidade, que permite que você seja quem é de verdade.

Concentre toda a sua atenção neste giro do ventilador de cristal no seu peito, sentindo esta luz, este calor...

E quanto mais você se concentra, mais você se entrega e maior é a sua transformação.

*[pausa rápida de 10 segundos]*

Aos poucos, o giro deste ventilador de cristal vai diminuindo, diminuindo, diminuindo até parar completamente.

Respire profundamente.

*[pausa rápida de 10 segundos]*

E agora, perceba todo o seu corpo, sinta todo o seu corpo como uma unidade.

Sinta o seu nível de energia. Sinta a nova qualidade da sua vibração.

Você está mais calmo, relaxado e sem tensão. Você sente paz dentro de si.

Você está cheio de energia, de amor, se sentindo bem com você mesmo... feliz, alegre, cheio de gratidão.

Você se sente confiante. Você confia em você. Você confia na vida. Você confia no fluxo do universo.

E nesta energia de paz, de amor, de alegria e de serenidade, permaneça em silêncio por mais alguns instantes.

*[pausa de 1 a 3 minutos com os olhos fechados]*

Faça uma respiração mais profunda, una suas mãos em prece em frente ao coração. Agradeça por este momento de conexão e alinhamento, por esta meditação!

**Namastê.**

### Diário do Meditar Transforma
### Dia 17 - O que senti com esta meditação?

# MEDITAÇÃO 18

## Espaço Mental

> Esta meditação libera da sua mente velhos padrões mentais e emocionais, interrompendo o ciclo de reatividade que o impede de fazer mudanças na sua vida.
>
> Você irá se sentir mais leve ao final desta prática. Você irá criar espaço dentro de si, na sua mente.

Acomoda perfeitamente o seu corpo, relaxe os seus ombros, abra o seu peito, solte toda e qualquer tensão.

Relaxe o seu rosto, os maxilares, as têmporas; deixe o seu rosto bonito, quase sorrindo.

Respire lenta e profundamente, algumas vezes, fazendo respirações mais profundas.

Sinta o ar entrando e saindo; sinta o caminho percorrido pela sua respiração; inspirando e expirando, com consciência.

*[pausa rápida]*

Permita que a cada repetição desta meditação sua mente relaxe e a sua consciência se expanda profundamente.

Comece fazendo a "respiração quadrada": inspire, retenha o ar; expire, retenha sem ar.

Faça uma grande inspiração, encha sua barriga de ar, segure um pouquinho, e depois solte o ar, bem devagar, esvaziando completamente os pulmões com a sua expiração; permaneça alguns segundos sem ar, antes da próxima inspiração.

Inspire, retenha o ar; expire, retenha sem ar.

Repita este ritmo de respiração, lenta e profunda, por mais algumas vezes.

Inspire grande, segure, retenha o ar por alguns segundos, e depois solte o mais devagar que conseguir; retenha sem ar, por 1 ou 2 segundos, antes de inspirar novamente.

Crie espaço dentro de você.

*[pausa rápida]*

Agora não interfira mais na sua respiração.

Respire naturalmente, apenas observando o seu ritmo natural, o ar que entra, o ar que sai....

A cada expiração, você solta, libera, cria espaço dentro de você.

A cada inspiração, o "novo" toma conta de você.

*[pausa rápida]*

Deixe ir todas as falhas do passado; deixe ir todas as cobranças e limitações que o impedem de ser quem você é de verdade, consciente ou inconscientemente.

Deixe ir o "velho eu"; abra espaço dentro de você.

Deixe ir todos os medos, frustrações e negatividades que bloqueiam o fluxo da sua missão de vida.

Deixe ir todos os apegos, projeções que o afastam do alinhamento com a sua essência, com a sua missão de vida.

*[pausa rápida]*

Sinta a sua respiração, lenta e profundamente.

Entre em contato com este espaço mental que existe dentro de você; este espaço infinito, este espaço ilimitado.

Deixe ir todas as memórias de dor e sofrimento que você carrega no seu corpo e na sua mente.

Perdoe, solte, crie espaço.

*[pausa rápida]*

Deixe ir a cada expiração.

Solte, crie espaço dentro de você.

Deixe ir o "velho eu": hábitos e pensamentos que já não servem mais.

Crie espaço. Deixe que o "novo eu" ganhe força dentro de você neste momento.

*[pausa rápida]*

Perceba o quanto você comunga com o Universo a cada respiração.

Perceba o quanto você se alinha com a sua essência a cada respiração.

Perceba o quanto você é capaz de se alinhar com o seu "eu" de verdade, com o fluxo de abundância do Universo, a cada respiração.

*[pausa rápida]*

Sinta o fluxo da respiração, o fluxo natural da sua respiração.

Sinta o fluxo do Universo através da sua respiração.

Sinta o fluxo de abundância do Universo presente a cada respiração.

Sinta o alinhamento com o fluxo da sua missão a cada respiração.

*[pausa rápida]*

Neste momento, deixe ir todo e qualquer pensamento, julgamento, preocupação, frustração.

Permita-se estar totalmente presente no "aqui e agora".

Permita-se sentir este espaço infinito e ilimitado que existe no seu interior.

Permita-se entrar no fluxo através da sua respiração.

*[pausa rápida]*

Tudo o que importa é a sua respiração. Continue respirando, com atenção.

Sinta o alinhamento, sinta o fluxo, sinta a harmonia do seu espaço interior.

Sinta as ilimitadas possibilidades, presentes neste espaço infinito.

Siga no fluxo, sentindo o espaço interior.

*[pausa de 1 a 3 minutos, com os olhos fechados]*

Faça uma respiração profunda, una as suas mãos em prece, em frente ao coração. Agradeça por este momento de conexão e alinhamento, por esta meditação!

**Namastê.**

**Diário do Meditar Transforma**
**Dia 18 - O que senti com esta meditação?**

_____
_____
_____
_____
_____
_____

# MEDITAÇÃO 19

## Entrego, Confio, Aceito e Agradeço

> Esta é a frase que, para mim, se tornou um mantra (palavra ou frase de poder, utilizada como instrumento de controle da mente): "Entrego, Confio, Aceito e Agradeço". Aprendi com o amado Professor Hermógenes, e é claro que não poderia deixar de compartilhar com você este precioso ensinamento.
>
> Pode parecer simples, mas entregar, confiar, aceitar e agradecer a cada instante, a cada minuto, é um grande desafio.
>
> E quanto mais você conseguir aplicar isso na sua vida (o "entrego, confio, aceito e agradeço"), mais irá manifestar uma vida plena de realizações.
>
> Esta técnica trabalha todos os níveis da sua mente, alinhando-o com a sua Energia Essencial.

Agora, acomode o seu corpo, relaxe os seus ombros, abra o seu peito.

Respire profundamente e solte todas as tensões, todas as preocupações.

Crie espaço dentro de você; deixe ir, solte, libere; deixe ir todas as limitações, tudo o que bloqueia a sua energia; tudo o que trava a sua vida.

Entregue-se para o fluxo do Universo, este fluxo abundante de paz e serenidade, de alegria e felicidade, de prosperidade e realização.

Agora imagina, visualiza, acredita... sinta que do mais alto do céu que você pode imaginar, desce um feixe de luz branca brilhante em direção à sua cabeça...

Iluminando sua cabeça por dentro e por fora... sinta... imagina... acredita...

Esta luz branca brilhante desce pelo centro do seu corpo e chega até seu coração... sinta esta luz no centro do seu coração...

Agora esta luz branca brilhante, no centro do seu coração, se expande em todas as direções... iluminando você por completo... por dentro e por fora... um grande explosão luminosa...

Sinta que você é esta luz...

[pausa rápida]

Deixe fluir e respire lenta e profundamente.

*[pausa rápida]*

Afirme internamente:

Neste momento, escolho ENTREGAR, CONFIAR, ACEITAR E AGRADECER.

Por isso, repito internamente este mantra:

"ENTREGO, CONFIO, ACEITO E AGRADEÇO";
"ENTREGO, CONFIO, ACEITO E AGRADEÇO";
"ENTREGO, CONFIO, ACEITO E AGRADEÇO".

*[pausa rápida]*

Entrego...

Entrego todos os meus talentos e habilidades ao Universo, servindo e compartilhando o melhor que existe em mim, fazendo o melhor que posso.

Entrego todas as minhas ações.

Entrego todos os meus desejos e necessidades.

Entrego todos os meus problemas e preocupações.

Entrego, solto, relaxo.

Entrego toda e qualquer necessidade de tentar controlar a vida, porque sei que não tenho o controle de nada; e ao assumir que não tenho o controle de nada, ganho o controle de tudo.

Entrego a mim mesmo.

"ENTREGO, CONFIO, ACEITO E AGRADEÇO".

*[pausa rápida]*

Confio...

Confio no fluxo do Universo, na Energia Essencial, em Deus, no Criador.

Confio… E sei que tudo está certo, que tudo está bem, mesmo que a minha mente limitada pelo tempo e espaço, neste momento, não consiga compreender.

Confio… E sei que tudo o que preciso, eu recebo, no momento perfeito, no tempo certo.

Confio no fluxo de Abundância do Universo.

Confio no tempo das coisas, porque, se alguma coisa ainda não aconteceu, algo ainda maior e melhor está por vir.

Sei que tudo o que preciso saber é revelado a mim; sei que o que eu mereço chega até mim.

"ENTREGO, CONFIO, ACEITO E AGRADEÇO".

*[pausa rápida]*

Aceito…

Aceito o momento presente como ele é.

Aceito tudo aquilo que não posso mudar, deixando de lutar e brigar com a vida.

Aceito, pois confio que Deus, o Criador, a Energia Essencial, sempre sabe o que é o melhor, e sei que tudo está certo.

Aceito todos os desafios e dificuldades que vem até mim, porque sei que é para o meu crescimento e evolução.

Aceito tudo de bom e de maravilhoso que vem até mim, porque sei que mereço ser feliz; sei que mereço o melhor que a vida tem para dar.

Aceito o momento presente, assim como ele é.

"ENTREGO, CONFIO, ACEITO E AGRADEÇO".

*[pausa rápida]*

Agradeço…

Agradeço, porque confio; porque sei que tudo está certo, que tudo está bem.

Agradeço por tudo o que já vivi; por tudo o que já passou; e tudo o que fica é aprendizado. Gratidão!

Agradeço por tudo que ainda está por vir, porque sei que sou uma consciência em crescimento e evolução. Gratidão!

Agradeço por estar em movimento, em alinhamento; agradeço porque confio, porque tenho fé em Deus, porque tenho fé na vida.

Agradeço pela minha atual condição, pelo momento presente; agradeço por tudo o que tenho, e por tudo o que sou.

Agradeço, pois sei que não é a felicidade que ativa a gratidão, e sim, a gratidão que me permite ser feliz.

No fundo do meu coração sei que, neste exato momento, já tenho tudo o que preciso para ser feliz. Gratidão!

"ENTREGO, CONFIO, ACEITO E AGRADEÇO".

"ENTREGO, CONFIO, ACEITO E AGRADEÇO".

"ENTREGO, CONFIO, ACEITO E AGRADEÇO".

[pausa de 1 a 3 minutos, com os olhos fechados]

Faça uma respiração profunda, una as suas mãos em prece, em frente ao coração. Agradeça por este momento de conexão e alinhamento, por esta meditação!

**Namastê.**

---

### Diário do Meditar Transforma
### Dia 19 - O que senti com esta meditação?

# MEDITAÇÃO 20

## Para Equilibrar os 7 Centros de Energia

Se você deseja se sentir em equilíbrio e harmonia, cheio de energia e vitalidade, esta meditação é para você!

Ela atua no seu campo eletromagnético, ou seja, na sua aura, harmonizando e equilibrando os 7 principais centros de energia do seu corpo - os seus Chacras - permitindo que a sua energia volte a fluir sem nenhum bloqueio, energizando-o de uma forma profunda e completa.

Os 7 chacras (palavra sânscrita que significa "roda") são como "rodas de energia". Localizados ao longo da sua coluna vertebral, na sua aura, eles estão conectados aos seu corpo através das 7 glândulas endócrinas.

Cada chacra está associado a um tipo específico de pensamento e sentimento, além de uma cor e um mantra de ativação, que você vai descobrir durante a meditação.

Quando estão em desequilíbrio ou bloqueados, você manifesta problemas na sua saúde física e emocional, por isso que é tão importante fazer o alinhamento desses centros de energia.

Então, acomode o seu corpo de forma confortável, com a coluna bem reta, os ombros relaxados, liberando toda e qualquer tensão.

Sinta o conforto e a estabilidade da sua postura meditativa, e respire lenta e profundamente por algumas vezes.

*[pausa rápida]*

Agora, não interfira mais na sua respiração, apenas observe o seu ritmo natural, sentindo o seu movimento em todo o corpo. Inspira, cresce, expande; expira, se recolhe, esvazia.

*[pausa rápida]*

Neste momento, leve a sua atenção até a região do cóccix (no períneo). Visualize um ponto luminoso na cor vermelha. Sinta essa luz preencher todo o local enquanto você vocaliza ou mentaliza o mantra LAM, por 5 vezes: "LAM, LAM, LAM, LAM, LAM".

Este centro de energia, quando em equilíbrio, permite que você tenha energia física e estabilidade material.

*[pausa rápida]*

Suba a sua atenção até a região do baixo ventre, logo abaixo do umbigo. Visualize um ponto luminoso na cor laranja. Sinta essa luz preencher todo o seu baixo ventre, enquanto vocaliza ou mentaliza o mantra VAM, por 5 vezes: "VAM, VAM, VAM, VAM, VAM".

Este centro de energia, quando em equilíbrio, permite que você se relacione com harmonia consigo mesmo e com os outros.

*[pausa rápida]*

Leve agora a sua atenção até a região do estômago - o seu plexo solar. Visualize um ponto luminoso na cor amarela dourada. Sinta essa luz como se fosse um sol a preencher toda a região do seu estômago, enquanto vocaliza ou mentaliza o mantra RAM, por 5 vezes: "RAM, RAM, RAM, RAM, RAM".

Este centro de energia, quando em equilíbrio, ativa o seu poder pessoal, a sua vontade, permitindo-o de acessar a prosperidade.

*[pausa rápida]*

Chegando, agora, até a região do coração, no seu peito. Visualize um ponto luminoso na cor verde esmeralda. Sinta essa luz preencher todo o seu peito, enquanto vocaliza ou mentaliza o mantra YAM, por 5 vezes: "YAM, YAM, YAM, YAM, YAM".

Este centro de energia, quando em equilíbrio, ativa o seu poder e cura o amor incondicional.

*[pausa rápida]*

Neste momento, leve a sua atenção até a região da garganta. Visualize um ponto luminoso na cor azul clara. Sinta essa luz azul preencher toda a região da garganta, nuca, ombros e braços, enquanto vocaliza ou mentaliza o mantra HAM, por 5 vezes: "HAM, HAM, HAM, HAM, HAM".

Este centro de energia, quando em equilíbrio, permite que você se expresse e se comunique com clareza, sempre respeitando a verdade; ele também ativa a energia da criatividade, para que consiga realizar todos os seus sonhos e desejos.

*[pausa rápida]*

Chegando até a região da testa, no ponto entre as sobrancelhas. Visualize um ponto luminoso na cor azul índigo. Sinta essa luz preencher toda a região da testa, o seu rosto, a sua cabeça, o seu cérebro, enquanto vocaliza ou mentaliza o mantra OM, por 5 vezes: "OM, OM, OM, OM, OM".

Este centro de energia, quando em equilíbrio, permite que você tenha clareza mental e acesse a sua inteligência intuitiva.

*[pausa rápida]*

Agora, leve a sua atenção até o topo da cabeça.

Visualize um ponto luminoso na cor branca brilhante. Sinta essa luz como se fosse um chafariz, que jorra esta luz branca brilhante sobre o alto da sua cabeça, enquanto se conecta com o mantra OM, um OM contínuo, que está presente no silêncio, que é o próprio som do silêncio.

Este centro de energia, quando em equilíbrio, ativa a sua conexão com a Energia Essencial, com Deus, com a força criadora da vida.

*[pausa rápida]*

Neste instante, você toma consciência de todo o seu corpo. Imagine o seu corpo com a sua coluna de chacras perfeitamente iluminada.

Visualize a cor vermelha, e o mantra LAM, atuando na base da sua coluna; a cor laranja, e o mantra VAM, no baixo ventre; o Sol amarelo brilhante, e o mantra RAM, na região do estômago; a luz verde esmeralda, e o mantra YAM, no coração; a cor azul clara, e o mantra HAM, na região da garganta; a luz azul índigo, e o mantra OM, na testa; e este chafariz de luz branca brilhante no alto da sua cabeça, e o mantra OM, de forma contínua, presente no silêncio.

LAM, VAM, RAM, YAM, HAM, OMMMMMMM......

Conecte-se ao som do silêncio, ao OM contínuo, que está presente em tudo e em todos.

Permita-se mergulhar no OM; permita-se banhar nessa luz branca e brilhante.

*[pausa de 1 a 3 minutos, com os olhos fechados]*

Faça uma respiração profunda, una as suas mãos em prece, em frente ao coração. Agradeça por este momento de conexão e alinhamento, por esta meditação!

**Namastê.**

### Diário do Meditar Transforma
### Dia 20 - O que senti com esta meditação?

# MEDITAÇÃO 21

## Triangulação Tridimensional

> Esta meditação contém segredos dos grandes mestres e utiliza símbolos muito poderosos que falam para a sua mente subconsciente. Ela promove uma profunda limpeza em todos os níveis do seu ser: limpando padrões de sofrimento emocional e purificando o carma.
>
> Vamos fazer um realinhamento energético, para que o fluxo de energia vital volte a fluir em perfeito equilíbrio e harmonia.
>
> Esta meditação expande a sua consciência para que você possa manifestar o seu potencial máximo de luz e criar uma vida de saúde, prosperidade material, felicidade, amor e alegria. Tudo o que você deseja e merece, sendo quem você é de verdade e vivendo a sua missão de vida.

Acomode o seu corpo na sua postura de meditação, com a coluna bem ereta, o peito aberto e o queixo alinhado com o chão.

Suavize o seu rosto, mantenha os olhos fechados, as pálpebras pesadas e a língua relaxada dentro da boca.

Faça uma última respiração mais profunda e libere qualquer tensão, acomodando o seu corpo e sentindo a estabilidade e o conforto da sua postura de meditação.

Preste atenção ao modo como respira, observe o ritmo natural da sua respiração, o ar que entra, o ar que sai.

Inspire e expire devagar, sem pressa, com consciência.

*[pausa rápida]*

Sinta o seu corpo todo como uma unidade. Sinta o fluxo da sua respiração.

Sinta todo o seu corpo respirando, crescendo a cada inspiração e se esvaziando a cada expiração.

Quando você expira, deixa ir tudo o que já passou. Quando você inspira, recebe uma nova energia.

Inspire, expire e renove a sua energia.

*[pausa rápida]*

Agora, imagine, visualize e acredite que um redemoinho de luz violeta desce do céu em direção à sua cabeça. Sinta que ele vai descendo e girando no sentido anti-horário ao redor de todo o seu corpo…

Visualize, sinta e acredite que este redemoinho de luz violeta passa pela sua cabeça, seu rosto, pescoço, ombros, braços, tronco, quadril, pernas e pés. Enquanto passa por todo o seu corpo, ele continua girando e descendo até chegar no centro da Terra, onde é absorvido.

Um novo redemoinho de luz violeta desce do céu e gira ao redor de todo o seu corpo, passando por dentro e por fora, passando por todos os seus órgãos, atuando em cada célula do seu corpo, descendo, girando e limpando todas as negatividades... e ele desce até chegar ao centro da Terra.

Mais uma vez, visualize um novo redemoinho de luz violeta descendo, girando e desprogramando padrões de sofrimento emocional, memórias de dor e sofrimento registradas no seu inconsciente. Ele desce até chegar ao centro da Terra.

*[pausa rápida]*

Tome consciência do seu corpo sentado na sua postura de meditação, com a coluna ereta. Sinta todo o seu corpo como uma unidade, sinta o conforto e a estabilidade da sua postura.

Agora, leve a sua atenção até 30 centímetros acima da sua cabeça. Ali fica localizada a sua Estrela da Alma, um ponto energético de conexão com a sua Essência, o seu Eu Superior, a sua Alma ou Consciência, o nome pelo qual você quiser chamar.

Visualize ali uma estrela de 6 pontas muito brilhante. Sinta, visualize esta estrela de pura luz brilhando acima da sua cabeça.

*[pausa rápida]*

Agora esta estrela de luz começa a descer em direção a sua cabeça e vai passar por cada um dos seus centro de energia, dos seus chacras, ativando e equilibrando cada um deles.

Esta estrela de luz desce até o topo da sua cabeça, no 7º chacra, e ilumina toda esta região... Ela continua descendo até o ponto entre as sobrancelhas, desce mais um pouco até a região da garganta, da nuca... Visualize e sinta esta estrela de luz brilhando e iluminando cada um dos pontos em que vai passando, e agora ela vai descendo até a região do coração, no centro do seu peito, ativando o 4º chakra. Depois desce até a região do estômago, do plexo solar, segue para a região do baixo ventre, logo abaixo do umbigo, descendo até a região do períneo, do cóccix, até chegar no 1º chacra.

Agora esta estrela de luz desce até 30 centímetros abaixo dos seu pés, até chegar na sua Estrela da Terra, ativando a sabedoria e a coragem para realizar o seu propósito de vida na Terra.

Imagine, visualize e sinta esta estrela luminosa de 6 pontas iluminando e brilhando ali, na sua Estrela da Terra, abaixo dos seus pés, iluminando, energizando e enraizando.

Sinta-se cheio de energia.

*[pausa rápida]*

Visualize agora todas estas estrelas de luz brilhando e iluminando a região acima da sua cabeça, no topo da cabeça, na testa, na garganta, no peito, na região do estômago, no baixo ventre, no cóccix e abaixo dos seus pés.

Estas estrelas de luz começam a girar, e ao girar elas expandem a sua luz, o seu brilho. Girando, crescendo, expandindo até se unirem em uma única estrela de luz, maior do que o seu corpo, que gira ao redor de você.

Sinta que você está dentro desta grande estrela luminosa que gira cada vez mais rápido, de forma mais intensa. Quanto mais ela gira, mais ela brilha.

Ela gira até criar uma grande explosão luminosa, e agora tudo o que existe é luz.

Não existe mais separação neste momento. Você é um com o Todo, com o Universo, com o Criador.

Você é Luz! Fique na luz, na luz, na luz!

*[pausa de 1 a 3 minutos com os olhos fechados]*

Faça uma respiração mais profunda, una suas mãos em prece, em frente ao coração. agradeça por este momento de conexão e alinhamento, por esta meditação!

**Namastê.**

---

Diário do Meditar Transforma
Dia 21 - O que senti com esta meditação?

# MEDITAÇÃO 22

## De Alinhamento com sua Missão de Vida

> Esta meditação ativa um fluxo de alinhamento contínuo e ascendente da sua missão de vida.
>
> É importante você não julgar durante a meditação. Ao surgirem pensamentos durante a prática, não os julgue; simplesmente, volte a atenção para a meditação e está tudo bem.

Agora, acomode o seu corpo de forma confortável e relaxe os seus ombros, a sua nuca; suavize o seu rosto.

Respire, lenta e profundamente, por algumas vezes, inspirando e expirando, devagar, sem pressa.

Observe a sua respiração.

[pausa rápida]

Neste momento, dê leves "batidinhas" no seu peito, com a mão fechada, no ritmo do seu coração.

Quando você faz isso, ativa este centro de energia, que é responsável pela sua verdade, por você ser quem é de verdade.

Feche os olhos e sinta essas batidinhas por 1 a 2 minutos.

*[pausa de 1 a 2 minutos]*

Agora, imagine, visualize, acredite que, do mais alto do céu que você possa imaginar, desce um tubo de luz branca brilhante em direção a sua cabeça, passando pelo centro do seu corpo e descendo até chegar no seu coração.

Sinta este fluxo de energia que vem do alto do céu e preenche o seu coração; preenche você com sabedoria, paz, amor, uma energia suave e refrescante que o inspira.

*[pausa rápida]*

Agora, imagine que, do centro da Terra, sobe um tubo de luz branca brilhante em direção aos seus pés, passa pelo seu corpo e sobe até o seu coração...

Sinta esse fluxo de energia que vem do centro da Terra e preenche o seu coração; preenche você de força, coragem, vitalidade, energia intensa e calorosa que o motiva.

*[pausa rápida]*

Sinta esses dois fluxos chegando até o centro do seu coração. Sinta essas duas energias se fundindo no centro do seu coração. Esses dois fluxos se unem no seu coração, para formar uma energia em perfeito equilíbrio e harmonia.

Quando você se deixa nutrir com a inspiração que vem do céu, com a motivação que vem da Terra, entra em equilíbrio e acessa o fluxo para realizar a sua missão.

Por isso, sinta o seu coração sendo iluminado por essas duas forças, por esses dois fluxos de energia, um que vem da Terra, e outro que vem do Céu.

Sinta todo o seu peito iluminado por essas forças, sinta-se completamente conectado a elas.

*[pausa rápida]*

Enquanto você visualiza, sinta esses dois fluxos de energia preenchendo e iluminando o seu coração. Dê suaves batidas, no centro do seu peito, com a sua mão dominante.

*[pausa rápida]*

Descanse por um tempo, faça uma pequena pausa, sinta a região do seu coração.

*[pausa rápida]*

Dê mais algumas "batidinhas".

*[pausa rápida]*

Descanse por um tempo, faça uma pequena pausa, sinta a região do seu coração.

*[pausa rápida]*

Dê mais algumas "batidinhas".

*[pausa rápida]*

Descanse, sinta o fluxo de energia ativado enquanto repete internamente:

Estou no fluxo da minha missão de vida.

Estou alinhado com quem sou de verdade.

Se o meu coração sonhar, eu tenho o dever de realizar; se o meu coração sonhar, eu sou capaz de realizar; se o meu coração sonhar, eu mereço realizar.

Estou em perfeito alinhamento com a Energia Essencial.

Sou a Energia Essencial em ação.

Sigo no fluxo contínuo e ascendente de descoberta da minha missão de vida.

Em perfeito equilíbrio, em harmonia, eu vivo a minha missão.

*[pausa de 1 a 3 minutos, com os olhos fechados]*

Faça uma respiração profunda, una as suas mãos em prece, em frente ao coração. Agradeça por este momento de conexão e alinhamento, por esta meditação!

**Namastê.**

**Diário do Meditar Transforma**
**Dia 22 - O que senti com esta meditação?**

# MEDITAÇÃO 23

## Para Ativar sua Força e Poder

Essa meditação vai elevar a sua autoestima e confiança em si mesmo, além de proteger a sua energia de todas as negatividades.

Ela atua nas camadas mais profundas da sua mente, para ativar sua força e poder interior, removendo as dúvidas e falta de alinhamento que drenam a sua energia, impedindo-o de enxergar a pessoa incrível e capaz que você é.

Lembre-se: quem duvida do seu poder, dá poder às suas dúvidas.

Esta meditação utiliza símbolos poderosos que falam para a sua mente subconsciente. Por isso, não tente racionalizar ou julgar, apenas abra o seu coração, para que esta poderosa meditação o reconecte com o fluxo da abundância.

Agora, acomode o seu corpo e faça uma respiração profunda.

Solte todas as tensões, solte todas as preocupações.

Relaxe a sua mente e abra o seu coração.

*[pausa rápida]*

Imagine um grande tubo de luz que desce do céu, em direção ao alto da sua cabeça, conectando você ao fluxo da Energia Essencial.

Apenas sinta este fluxo de luz e energia preenchendo você neste momento.

*[pausa rápida]*

Visualize-se bem "pequenininho", e se imagine dentro do seu coração

Imagine, visualize ou, simplesmente, acredite.

*[pausa rápida]*

Afirme internamente:

Tenho um corpo, mas não sou esse corpo. O meu corpo pode se encontrar em diferentes condições de saúde, e isso nada tem a ver com o meu "eu" verdadeiro, com a minha essência.

Tenho um comportamento, mas não sou este comportamento. Ainda não desenvolvi o total controle sobre o meu comportamento; às vezes, ainda me comporto no "piloto automático" e, independente desse comportamento, o meu "eu" verdadeiro, a minha essência, continua sempre a mesma.

Tenho emoções, mas não sou essas emoções. Experimento diferentes emoções, mas a minha essência, meu "eu" verdadeiro é sempre o mesmo.

Tenho uma mente, mas não sou essa mente. Minha mente é a ferramenta que tenho para criar as emoções, o comportamento e o corpo físico, assim como todas as coisas que atraio para a minha vida, porque ainda não desenvolvi um total domínio e controle de mim mesmo; minha mente, às vezes me governa, em vez de eu controlá-la.

A mente é um instrumento, uma ferramenta muito valiosa, mas não é aquilo que sou.

*[pausa rápida]*

Sou a consciência, sou o "Eu Sou", sou uma extensão do Divino Criador.

Sou um centro de pura consciência divina, infinita e livre de limitação.

Sou luz e sabedoria. Sou amor incondicional.

Sou um centro de vontade, capaz de ser a causa e o criador de cada aspecto da minha vida.

Sou capaz de dirigir, escolher e criar todos os meus pensamentos e emoções; o meu comportamento, a saúde do meu corpo. e tudo o que atraio e manifesto na minha vida.

É isso que sou.

*[pausa rápida]*

Agora, imagine-se subindo do centro do seu coração, através do tubo de luz, até a sua estrela da alma, um centro de energia que fica localizado 30 centímetros acima da sua cabeça.

Enquanto isso, afirme internamente:

Sou o poder, o senhor e a causa das minhas atitudes, emoções e comportamento.

Sou poderoso, amoroso e equilibrado. em todos os momentos.

Sou poderoso, saudável e completo dentro de mim mesmo; tenho preferências, mas não apegos.

Sou o senhor da minha vida, e minha mente subconsciente é minha amiga e serva.

Sou amoroso e centrado em mim mesmo, em todos os momentos, e não permito que nada do Universo exterior atrapalhe o meu equilíbrio.

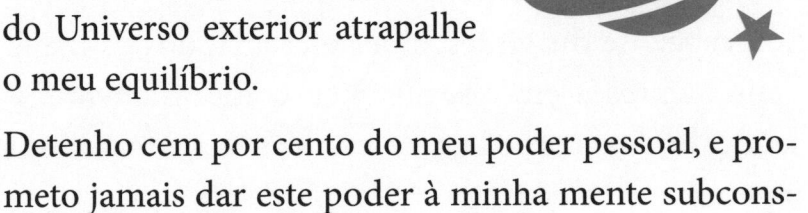

Detenho cem por cento do meu poder pessoal, e prometo jamais dar este poder à minha mente subconsciente, ou a quaisquer outras pessoas.

[pausa rápida]

Agora, imagine-se recebendo um presente, um instrumento de poder, algo que, para você, o represente. Não julgue, apenas o receba. Pode ser uma coroa, um cajado, um cedro, uma espada, uma capa, um cristal.

[pausa rápida]

Enquanto isso, afirme internamente:

Sou totalmente invulnerável à energia negativa de outras pessoas e dos ambientes.

Ouço o que os outros têm a me dizer, entretanto só assimilo o que decido assimilar.

Blindo o meu campo de energia, ativando a bolha protetora de luz dourada.

Imagine que, neste momento, você está dentro de uma grande bolha de luz dourada, que essa bolha de luz dourada é o seu escudo de proteção. Essa bolha é semipermeável, e permite que você receba apenas as boas vibrações, bloqueando a passagem de toda negatividade.

*[pausa rápida]*

Afirme internamente:

Mantenho a minha conexão com a minha essência e consciência, com o ser divino que sou.

Mantenho minhas três mentes alinhadas e conectadas, em perfeito equilíbrio e estado de coerência.

Estou alinhado com o fluxo da vida; sou a abundância e o infinito; sou um com o todo.

*[pausa de 1 a 3 minutos, com os olhos fechados].*

Faça uma respiração profunda, una as suas mãos em prece, em frente ao coração. Agradeça por este momento de conexão e alinhamento, por esta meditação!

**Namastê.**

Diário do Meditar Transforma

Dia 23 - O que senti com esta meditação?

# MEDITAÇÃO 24

## Amar, Servir, Evoluir e Ser Feliz

> Com esta meditação você irá entrar em alinhamento com o fluxo da sua missão de vida, e assim manifestar a realidade que tanto deseja, de prosperidade, saúde, bons relacionamentos...

Então, acomode o seu corpo e faça algumas respirações profundas.

Inspirando e expirando devagar, respire lenta e profundamente.

*[pausa rápida]*

Volte para dentro de si, conecte-se com a sua consciência, com a sua essência, com a sua Energia Essencial.

Relaxe o corpo, relaxe a mente.

Deixe ir tudo o que bloqueia a sua energia, tudo o que trava a sua vida, neste momento.

Respire lenta e profundamente e deixe ir.

Inspire, e a barriga sobe; expire, e a barriga desce.

Sinta a sua respiração, sinta este fluxo e se permita soltar, criar espaço dentro de você, neste momento.

Entregue-se para o fluxo do Universo, abundante, de paz e serenidade, de alegria e felicidade, de prosperidade e realização.

Respire devagar, sem pressa.

[pausa rápida]

Afirme internamente:

Respiro, relaxo e expando a minha consciência.

Respiro, me acalmo e me alinho com a minha essência.

Respiro, me entrego e permito que o fluxo de abundância do Universo flua em mim, e através de mim.

[pausa rápida]

Tudo o que existe em mim, neste momento, é amor.

Amor por mim, por tudo o que sou.

Amor pela vida, por tudo o que ela é.

Amor por todos os seres.

Amor puro e incondicional, sem nenhum julgamento, cobrança ou expectativa.

Amor puro e incondicional, aceitando a natureza perfeitamente imperfeita de cada um.

Amor puro e verdadeiro.

A cada dia, o meu nível de amor aumenta. Sinto mais amor por mim, pela vida, pela humanidade.

*[pausa rápida]*

Escolho servir a vida com todos os meus dons, talentos e habilidades.

Escolho ser quem sou de verdade, e não quem os outros querem que eu seja.

A cada dia, descubro novas formas de servir com os meus dons, talentos e habilidades.

Escolho sempre dar o meu melhor para a vida, fazer sempre o melhor, sem esperar nenhuma forma de recompensa ou reconhecimento, porque, hoje, sei que, quando dou o meu melhor para a vida, a vida me proporciona o melhor que ela tem.

Sei que estou no fluxo de abundância do Universo.

Sinto-me no fluxo de abundância do Universo.

*[pausa rápida]*

Estou em movimento, estou sempre crescendo e evoluindo.

Estou no fluxo da minha missão de vida.

Estou melhor a cada dia, sou melhor a cada dia.

Sempre me transformando me renovando evoluindo.

Sou uma consciência em evolução.

*[pausa rápida]*

Quando eu me amo, sou feliz.

Quando eu sirvo ao mundo sendo quem sou de verdade, sou feliz.

Quando eu aprendo e evoluo, sou feliz.

Sou muito feliz!

Já tenho tudo o que preciso para ser feliz!

*[pausa rápida]*

Atraio ótimas oportunidades, atraio pessoas incríveis.

Sou abençoado com saúde e motivação.

Sinto amor e gratidão por tudo o que me envolve.

Irradio amor, alegria e felicidade.

Confio no fluxo da vida, no fluxo de abundância do Universo; sigo no fluxo da minha missão.

Amar, servir, evoluir e ser feliz!

Esta é a minha missão!

Amar, servir, evoluir e ser feliz!

*[pausa de 1 a 3 minutos, com os olhos fechados]*

Faça uma respiração profunda, una as suas mãos em prece, em frente ao coração. Agradeça por este momento de conexão e alinhamento, por esta meditação!

**Namastê.**

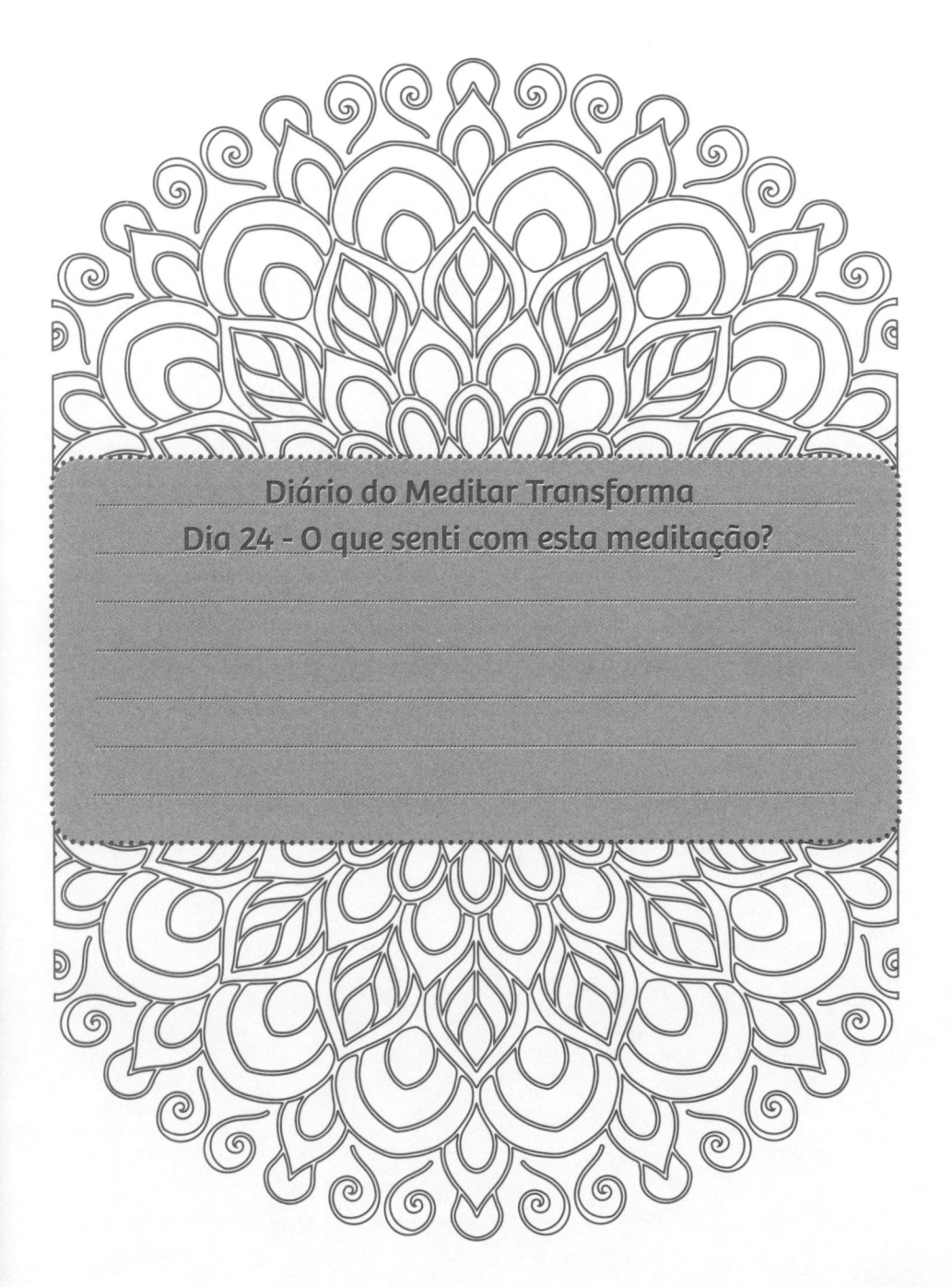

**Diário do Meditar Transforma**
**Dia 24 - O que senti com esta meditação?**

# MEDITAÇÃO 25

## De Cura

> Esta meditação ativa a energia de cura em todos os níveis: físico, mental, emocional e espiritual. Ela é muito poderosa!
>
> Você irá acessar uma frequência elevada de energia, que vai fazer você se sentir leve e cheio de energia.

Agora, acomode perfeitamente o seu corpo, relaxe os seus ombros, abra o seu peito, solte toda e qualquer tensão.

Relaxe o seu rosto, os seus maxilares, as suas têmporas; deixo o seu rosto bonito, quase sorrindo

Respire, lenta e profundamente, por algumas vezes, fazendo algumas respirações profundas.

Sinta o ar entrando e saindo; sinta o caminho percorrido pela sua respiração, inspirando e expirando, com consciência.

Permita que a cada repetição desta meditação sua mente relaxe e sua consciência se expanda mais profundamente.

*[pausa rápida]*

Imagine, visualize, acredite que você está em uma floresta muito bonita, com grama "verdinha", árvores enormes de todos os tipos, flores de todas as cores, de todos os perfumes, passarinhos cantando, borboletas voando, o céu azul, e o sol brilhando, iluminando esse lugar.

Você caminha, observa, sente.

Árvores de copas gigantes, raízes enormes, troncos grossos; outras mais delicadas, com algumas flores.

No meio de toda esta natureza, você visualiza um templo, um espaço de cura (não julgue a imagem, apenas aceite).

Lentamente, caminhe em direção a esse templo, a este espaço sagrado de cura. Observe todos os detalhes e, calmamente, entre no templo, com todo respeito e amor.

Dentro dele, há um mestre, um grande sábio, um mentor, um anjo, um ser de pura luz. Não importa o nome, não importa a forma, o que importa é que se trata de um ser de pura sabedoria, de puro amor; é o seu mestre, o seu guia.

Ele indica um lugar para você sentar-se ou deitar-se; então, você se acomoda e relaxa, em estado de permissão.

Imagine, agora, que este mentor, este ser de luz, posiciona as mãos dele no alto da sua cabeça.

Em seguida, irradia um grande feixe de luz dourada iluminando o alto da sua cabeça, trazendo sabedoria, alegria, vontade de viver.

Permita que esses raios de luz dourada, que saem das mãos do seu mentor, penetrem no alto da sua cabeça, fluindo por todo o seu corpo. Sinta esta energia luminosa dourada preencher você por completo, por dentro e por fora.

*[pausa rápida]*

O seu mentor passa as mãos dele por todo o seu corpo (mas não toca em você, apenas desliza as mãos), ativando um fluxo suave de energia de cura.

Sinta este fluxo em você, sinta este fluxo de energia através de você.

*[pausa rápida]*

Neste momento, o seu mentor dirige as mãos dele até a região cardíaca.

Posiciona-as em frente ao seu coração e irradia um grande feixe de luz cor de rosa, que preenche o seu coração, ilumina o seu peito e dissolve as lembranças do passado, dissolve os medos, as mágoas, as tristezas, os ressentimentos, liberando você de tudo o que passou, através da força do amor.

Sinta essa luz rosa preencher o seu peito, sinta a força do amor incondicional.

Amor puro e verdadeiro, sem julgamentos, expectativas ou apegos.

Sinta este fluxo de energia cor de rosa preencher você, fluir através de você.

*[pausa rápida]*

Agora, o seu mentor dirige as mãos até um ponto específico do seu corpo, um local que, neste momento, esteja precisando de cura, energia; um ponto do seu corpo onde existe dor, tensão. Ao posicionar as suas mãos neste ponto, ele irradia uma luz branca, muito intensa, brilhante e pura.

Sinta este fluxo de energia preencher essa região do seu corpo, ativando a energia de cura em todos os níveis: físico, mental, emocional e espiritual.

*[pausa rápida]*

Este ser de luz passa as mãos por todo seu corpo, rapidamente, movimentando um fluxo de energia de cura, e ele repete esse movimento algumas vezes. Então, une as mãos em prece e se despede.

Você permanece neste templo de cura por mais alguns instantes.

Sentindo apenas gratidão por toda energia de cura que você acessou, aproveite esta vibração, fique em silêncio e veja a sua energia se renovar, neste momento.

*[pausa de 1 a 3 minutos, com os olhos fechados].*

Faça uma respiração profunda, una as suas mãos em prece, em frente ao coração. Agradeça por este momento de conexão e alinhamento, por esta meditação!

**Namastê.**

---

**Diário do Meditar Transforma**
**Dia 25 - O que senti com esta meditação?**

_____
_____
_____
_____
_____

# MEDITAÇÃO 26

## Desperte sua Autoestima e Amor Incondicional

> Esta meditação trabalha a sua autoestima e o sentimento de amor incondicional, libertando a sua mente de todos os julgamentos, cobranças, críticas e busca por perfeição.

Então, faça uma respiração bem profunda, solte o ar bem devagar, e acomode o seu corpo na postura de meditação.

Mantenha a coluna reta, relaxe os ombros, solte os braços, suavize as tensões do seu rosto.

Faça mais uma respiração profunda, enchendo os pulmões de ar, e depois solte-o bem devagar.

Sinta o seu corpo firme, estável e confortável.

Deixe os seus braços soltos e relaxados, ao lado do trono, e permita que as palmas das suas mãos estejam voltadas para cima durante esta prática.

Coloque toda a sua atenção no movimento da respiração, e respire profundamente.

*[pausa rápida]*

Agora, não interfira mais, apenas observe o seu fluxo natural.

O movimento da sua respiração o permite entrar no fluxo e se conectar com a sua essência.

Sinta este movimento em todo o seu corpo, em cada célula do seu ser, expandindo e retraindo.

A cada inspiração, todo o seu corpo e cada um dos milhões de células se expandem, criando vida.

A cada expiração, todo o seu corpo e cada um dos milhões de células se recolhem, esvaziando-se por completo.

Sinta que todo o seu corpo acompanha esse movimento, este fluxo de expansão e retração, enchendo e esvaziando, um fluxo contínuo.

*[pausa rápida]*

Agora, leve a sua atenção até as palmas das suas mãos.

Imagine, visualize, acredite que em cada uma das palmas de suas mãos existe um cristal.

Sinta este cristal em cada uma das mãos; é um cristal de quartzo rosa, muito bonito.

Sinta o peso desse cristal nas mãos, a temperatura, a forma, a textura.

Perceba se existe alguma diferença entre o cristal da mão direita e o cristal da mão esquerda, ou ambos são iguais.

Feche um pouco a mão, como se segurasse este cristal.

*[pausa rápida]*

Agora, vamos respirar, para entrar em sintonia com a energia do cristal, entrar em sintonia com a energia do amor incondicional.

A cada inspiração, visualize uma luz cor de rosa penetrando pela palma das suas mãos, e subindo pelos seus braços, ombros, até chegar no seu peito. Essas duas luzes cor de rosa giram em seu coração.

Quando você expira, as duas correntes de luz descem pelo centro do seu corpo, chega logo abaixo do umbigo, e elas giram, iluminando toda a região do baixo ventre.

Quando você inspira, o cristal, o quartzo de luz cor de rosa, libera uma corrente de energia luminosa, quente, que penetra suas mãos, sobe pelos braços e ombros, chega ao seu peito, dando uma volta ao redor do seu coração.

Quando você expira, essas duas correntes de luz descem em direção ao baixo ventre, logo abaixo do umbigo, dando uma volta e se acomodando, deixando o seu baixo ventre iluminado.

Inspire e permita que essa luz cor de rosa suba através dos seus braços e chegue no seu coração, iluminando todo o seu peito.

Expire e permita que essa luz cor de rosa desça até o baixo ventre e permaneça na sua plenitude de amor, compaixão.

E continue assim durante mais alguns instantes, sentindo a vibração, a luminosidade, toda essa energia.

Inspirando e permitindo que a luz cor de rosa suba através dos seus braços e chegue no coração; expirando e permitindo que a luz rosa desça até o baixo ventre.

E você continua neste fluxo.

*[pausa de 1 minuto, com os olhos fechados].*

Neste momento, perceba o seu coração. Veja que ele está pleno de amor por todos os seres, livre de julgamentos, de críticas, de medos.

Perceba o seu baixo ventre e veja quanto amor existe por você mesmo, amor por quem você é de verdade.

Você sente que merece ser feliz, que merece tudo de melhor que a vida tem para dar.

Permita que essas duas luzes, essas duas energias que estão no seu coração e no seu baixo ventre cresçam, se expandam, ganhando ainda mais força.

Sinta a luz rosa do seu coração e do seu baixo ventre crescendo, crescendo, crescendo até que se encontrem, tornando-se uma só.

E elas continuam crescendo, expandindo, e você se vê mergulhado em uma grande bolha de luz cor de rosa, uma grande bolha de amor, e assim permanece por mais alguns instantes, em silêncio, flutuando no Universo, dentro dessa bolha de amor puro e verdadeiro.

Apenas amor, amor, amor.

*[pausa de 1 a 3 minutos, com os olhos fechados]*

Faça uma respiração profunda, una as suas mãos em prece, em frente ao coração. Agradeça por este momento de conexão e alinhamento, por esta meditação!

**Namastê.**

## Diário do Meditar Transforma
### Dia 26 - O que senti com esta meditação?

# MEDITAÇÃO 27

## Para Blindagem e Proteção Energética

> Esta meditação é para você se manter em perfeito alinhamento com a Energia Essencial, mesmo quando tudo parecer difícil, mesmo quando surgirem as dificuldades, mesmo quando o caos emocional e a aceleração do mundo lá fora parecer lhe perturbar.
>
> Ela atua criando uma blindagem energética na sua mente, fazendo com que mantenha a sua energia elevada, inclusive nos momentos mais difíceis.

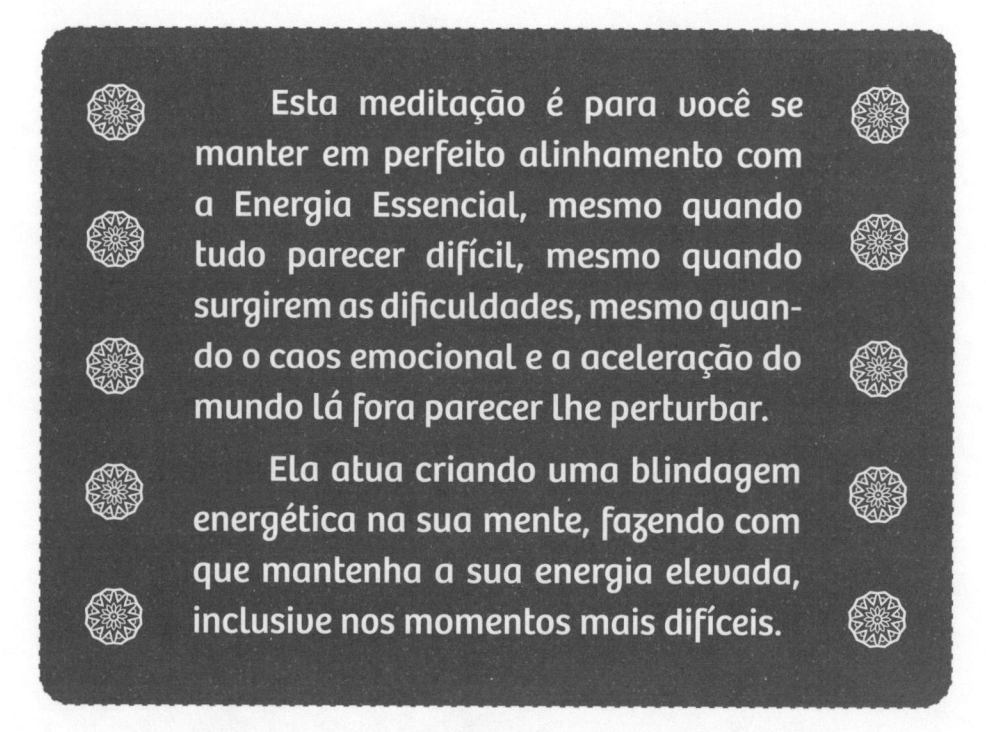

Agora, acomode o seu corpo e faça algumas respirações profundas.

Inspirando e expirando devagar, respire lenta e profundamente.

*[pausa rápida]*

Neste exato momento, você se volta para dentro de si, para o centro do seu ser, porque existe apenas amor e sabedoria. Assim, você ativa a sua conexão e entra em alinhamento com a sua essência.

A cada repetição desta meditação, sua força e proteção, a blindagem da sua energia, fica mais intensa e poderosa.

Você não pode mudar o mundo lá fora, pois não tem o poder de mudar os acontecimentos, mas apenas a sua vibração, os seus pensamentos e sentimentos; você não pode controlar tudo o que acontece, mas pode mudar a sua reação diante desses acontecimentos.

Tudo o que você vibra, você atrai; tudo o que você emana, volta para você multiplicado. Por isso, a melhor forma de proteção é entrar em alinhamento com a sua essência, com quem é de verdade, porque a sua essência é puro amor e sabedoria.

[pausa rápida]

Respire profundamente. Inspire, leve o ar para a barriga; expire lenta e profundamente, esvaziando completamente os pulmões.

Relaxe o seu corpo, a sua mente. Volte para dentro do seu coração, para o seu centro e entre em alinhamento com a sua essência.

[pausa rápida]

Agora, imagine, visualize, acredite que do mais alto do céu desce um pingo de luz em direção à sua cabeça. Este pingo de luz continua descendo até chegar no centro do seu coração, como se fosse um pingo de chuva caindo na superfície de um lago.

Este pingo de luz dourada, brilhante, intensa, ilumina o seu coração e emite uma vibração de amor e sabedoria; produz ondas de paz e tranquilidade, pura energia, alegria; preenchendo o seu coração com uma luminosidade de calor suave e gostoso, que faz você se sentir acolhido, amado.

Esta luz dourada brilhante é tão intensa, repleta de amor e sabedoria, e começa a crescer e expandir, iluminando todo o seu peito. Sinta a luz preencher o seu peito.

Sinta que esta luz expandindo em todas as direções, iluminando todo o seu corpo; cada célula do seu corpo é agora iluminada por esta luz dourada brilhante; cada órgão do seu corpo é agora iluminado; esta luz dourada brilhante percorre todo ele.

Agora, você está agora completamente iluminado, dos pés a cabeça, por dentro e por fora, na frente e atrás, de um lado e de outro. Você é luz! E esta luz continua crescendo, expandido, e você se vê agora dentro de uma grande bolha de luz dourada e brilhante, de amor e sabedoria.

*[pausa rápida]*

Afirme internamente:

No centro do meu ser existe uma fonte infinita de amor e sabedoria.

Este amor e sabedoria preenche o meu coração, o meu corpo e a minha mente.

Este amor e sabedoria irradiam através de mim, em todas as direções, voltando a mim multiplicado.

*[pausa rápida]*

No centro do meu ser existe uma fonte infinita de energia e alegria.

Esta energia e alegria preenchem o meu coração, o meu corpo e a minha mente.

Esta energia e alegria irradiam através de mim, em todas as direções, voltando a mim multiplicada.

*[pausa rápida]*

No centro do meu ser existe uma fonte infinita de paz e tranquilidade.

Esta paz e tranquilidade preenchem o meu coração, o meu corpo e a minha mente.

Esta paz e tranquilidade irradiam através de mim, em todas as direções, voltando a mim multiplicada.

*[pausa rápida]*

Respire profundamente. Sinta o amor, a sabedoria, a alegria fluindo por todo o seu corpo, a sua mente, a sua essência.

Sinta este fluxo abundante de amor, sabedoria e alegria. Sinta a sua energia forte e vibrante.

Sinta o alinhamento com a sua essência, com a sua Energia Essencial, que o permite fazer as melhores escolhas, atrair ótimas oportunidades, compartilhar suas experiências com pessoas incríveis, servir ao mundo com seus talentos e habilidades, manifestar e realizar seus sonhos e objetivos.

Porque tudo o que você dá volta multiplicado.

Irradie amor e alegria; irradie paz e tranquilidade.

*[pausa de 1 a 3 minutos, com os olhos fechados]*

Faça uma respiração profunda, una as suas mãos em prece, em frente ao coração. Agradeça por este momento de conexão e alinhamento, por esta meditação!

**Namastê.**

Diário do Meditar Transforma
Dia 27 - O que senti com esta meditação?

# MEDITAÇÃO 28

## Poema Sobre... Viver...

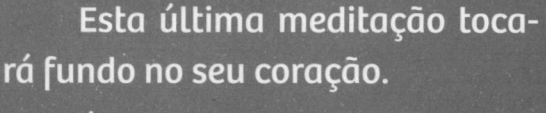

> Esta última meditação tocará fundo no seu coração.
>
> É um poema escrito pelo Nicolas Furst (o "Nico", meu marido). Trata-se de uma emocionante reflexão sobre a vida, como estamos vivendo-a a cada dia.
>
> Ela fala para o seu coração, e não para a sua mente racional, lógica e analítica.

Por isso, a partir de agora, acomode o seu corpo de forma confortável, respire profundamente e abra seu coração.

*[pausa rápida]*

A VIDA não é sobre o que você faz... É sobre como você está enquanto faz isso.

Não é sobre onde você está... É sobre como você está em cada momento.

Não é sobre o que você tem... É sobre como você se sente com o que você tem.

Não é sobre quanto você tem... É sobre quanto você tem ajudado e retribuído ao Universo.

A VIDA não é sobre o que os outros pensam de você... É sobre o que você pensa de si mesmo.

Não é sobre quantas curtidas você recebeu... É sobre você se amar e se curtir de verdade.

Não é sobre o que os outros acham de você... É sobre a certeza de que você tem a respeito de si mesmo.

Não é sobre você se comparar com o palco dos outros... É sobre você se comprometer HAD (hoje, amanhã e depois) nos seus bastidores e criar você o seu próprio palco.

A VIDA não é sobre impor à força as suas próprias vontades... É sobre dar o exemplo e, com isso, ajudar e respeitar os desejos e vontades dos outros.

Não é sobre ignorar o sofrimento dos outros... É sobre saber que a melhor forma de ajudar é estando mais forte que o sofrimento.

Não é sobre ser foda (uma palavra cada vez mais comum por aí)... É sobre se amar de verdade.

Não é sobre querer ser como outra pessoa... É sobre se inspirar e se motivar com o exemplo dela.

A VIDA não é sobre querer ter tudo ao mesmo tempo... É sobre querer sentir o maior tempo possível todo o amor, gratidão e felicidade.

Não é sobre agradecer só quando as coisas dão certo... É sobre sentir gratidão e confiar que as coisas já estão dando certo.

Não é sobre a vida que um dia vai terminar... É sobre uma nova vida que começa a cada dia que você acorda de manhã.

A VIDA não é sobre baixar a cabeça e limitar o seu mundo a uma tela de iPhone... É sobre erguer os seus olhos e enxergar o mundo infinito que está implorando para que você o veja.

Não é sobre querer ter as pessoas ao seu lado... É sobre você ser uma pessoa tão incrível que as outras pessoas vão querer estar ao seu lado.

Não é só sobre quantas metas você bateu nesta semana... É sobre quanto você aprendeu, evoluiu, ajudou e contribuiu.

Não é sobre a perfeição das fotos do Instagram... É sobre a beleza perfeita que existe dentro do seu coração.

A VIDA não é sobre quantas pessoas seguem você... É sobre você seguir a voz interior da sua própria alma.

Não é sobre se as outras pessoas mentem ou não... É sobre você encontrar a sua verdade e respeitá-la sempre.

Não é sobre conseguir as coisas para ontem... É sobre saber que tudo na vida é HAD (hoje, amanhã e depois).

Não é sobre reclamar... É sobre reconhecer os desafios e agradecer o aprendizado que eles representam.

Não é só sobre ganhar mais... É sobre servir mais, ajudar mais.

Não é sobre a culpa ser dos outros... É sobre você assumir a autorresponsabilidade pela sua própria vida.

Não é só sobre você... É sobre reconhecer que você é o Todo, que você é os braços e as pernas de Deus [Universo, Energia].

Não é sobre hashtags ou mensagens de WhatsApp... É sobre pessoas, abraços e experiências.

Não é sobre só você falar... É sobre você escutar e ajudar o próximo;

Não é sobre você acusar ou criticar... É sobre você perdoar de verdade e seguir em frente [por mais difícil que isso possa parecer].

Não é sobre prender os outros... É sobre soltar e deixar que cada um siga o seu próprio caminho [ao seu lado ou não].

Não é sobre ignorar os medos... É sobre reconhecê-los e encontrar maneiras de superá-los.

Não é só sobre falta de tempo para você... É sobre uma questão de prioridades com você mesmo.

Não é só sobre fazer as coisas que você gosta, mas também sobre não fazer somente a vontade dos outros.

Não é sobre como está a realidade do mundo lá fora... É sobre como você está, como está a sua realidade interior.

A VIDA é sobre reconhecer duas coisas muito importantes e valiosas:

A primeira não renovável e, portanto, não tem como você ter mais dela – o TEMPO.

A segunda é aquilo que não volta mais, que são as EXPERIÊNCIAS que você viveu.

A vida é sobre valorizar e reconhecer o quanto são raros, preciosos e valiosos o TEMPO e as EXPERIÊNCIAS.

A vida é sobre viver o momento presente, reconhecendo o "aqui e o agora".

Por que se você não fizer isso neste momento, então, quando o fará?

Se não agora, então quando?

Se você deixar todos esses itens não dominarem a sua vida, terá acontecido aquilo que o amado Professor Hermógenes fala no "Poema Se":

> *Terei parasitado a Vida*
> *E inutilmente ocupado*
> *O tempo*
> *E o espaço*
> *De Deus*
> *Terei meramente sido vencido*
> *Pelo fim*
> *Sem ter atingido a Meta*

[pausa de 1 a 3 minutos, com os olhos fechados]

Faça uma respiração profunda, una as suas mãos em prece, em frente ao coração. Agradeça por este momento de conexão e alinhamento, por esta meditação!

**Namastê.**

.................................................................
**Diário do Meditar Transforma**
**Dia 28 - O que senti com esta meditação?**
.................................................................
.................................................................
.................................................................
.................................................................

# O PRESENTE FINAL

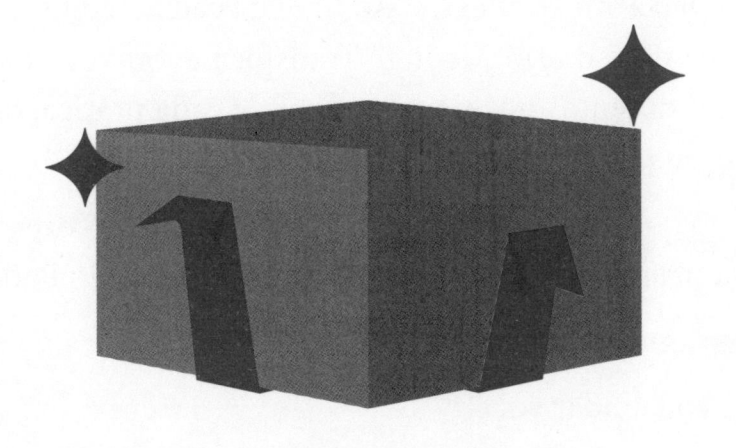

Parabéns por você ter chegado até o final deste ciclo das 28 meditações mais poderosas de todos os tempos.

No mínimo, você teve pequenas vitórias a cada dia, neste período.

Talvez, algum desses dias você não teve vontade, não teve tempo, mas continuou e chegou até aqui. Aprendi que é muito importante reconhecer conscientemente essas pequenas vitórias, e isso vale para qualquer área da sua vida.

Por isso, preparei algo muito especial a você!

Agora, se você fez os 28 exercícios ao final de cada meditação, vou lhe dar um presente: **A SUA Meditação Poderosa.**

Deixa-me explicar... Ao final de cada meditação, você preencheu o diário Meditar Transforma: ou você escreveu três sentimentos positivos ao final de cada prática, ou você escreveu pequenos textos, ou um pouco de cada.

O que você irá fazer agora é voltar nesses 28 exercícios e pegar palavras para criar a sua própria Meditação Poderosa.

Vamos lá?

Vou ajudar você!

# MEDITAÇÃO 29

## A SUA Meditação Poderosa

> Esta é a Sua Meditação Poderosa. Tudo o que você precisa fazer é completar as lacunas com o que foi anotando e sentindo durante as 28 práticas anteriores.

Agora, acomode o seu corpo de forma bem confortável.

Inspire, lenta e profundamente; expire devagar e esvazie completamente os pulmões.

Relaxe o seu corpo, relaxe a sua mente.

Volte para dentro de si e conecte-se com a sua consciência, com a sua essência, com a sua Energia Essencial.

Respire devagar, sem pressa.

*[pausa rápida]*

Afirme internamente:

Escolho, agora, deixar ir tudo o que bloqueia a minha energia e trava a minha evolução.

Deixo ir todos _____

Deixo ir todos _____

Deixo ir todos _____

Respiro, lenta e profundamente, e crio espaço dentro de mim.

*[pausa rápida]*

Escolho, agora, entrar em alinhamento com a minha essência, com quem sou de verdade e seguir no fluxo da minha missão.

Escolho, agora, servir ao mundo com _____ e _____

Escolho, agora, ativar a energia do (a) _____ e _____

Escolho, agora, sentir apenas _____ e _____

*[pausa rápida]*

Escolho, agora, permitir que o fluxo de abundância do Universo flua em mim, e através de mim.

Escolho, agora, realizar tudo o que o meu coração sonhar.

Porque hoje sei que, se o meu coração sonhar, eu tenho o dever de realizar; se o meu coração sonhar, sou capaz de realizar, se o meu coração sonhar, eu mereço realizar.

*[pausa rápida]*

Sinta, agora, que uma energia é ativada, no centro do seu coração.

Imagine, visualize, acredite que, no centro do seu coração, nasce um ponto de luz branca brilhante.

Essa luz branca e brilhante cresce e se expande, iluminando todo o seu peito. Essa luz continua crescendo e se expandindo, em todas as direções, iluminando você por dentro e por fora.

Essa luz que nasceu no centro do seu coração, agora se expande além dos limites do seu corpo físico e você a reconhece como um ser de pura luz.

*[pausa rápida]*

Sinto-me _____

Sinto-me _____

Sinto-me _____

Sinto o fluxo da Energia Essencial em mim e através de mim.

*[pausa rápida]*

Afirme internamente:

Hoje, sei que tudo começa e termina em mim!

Tudo começa e termina em mim!

Tudo começa e termina em mim!

*[pausa de 1 a 3 minutos, com os olhos fechados]*

Faça uma respiração profunda, una as suas mãos em prece, em frente ao coração. Agradeça por este momento de conexão e alinhamento, por esta meditação!

**Namastê.**

Transformação pessoal, crescimento contínuo, aprendizado com equilíbrio e consciência elevada.

Essas palavras fazem sentido para você?

Se você busca a sua evolução espiritual, acesse os nossos sites e redes sociais:

iniciados.com.br
luzdaserra.com.br
loja.luzdaserraeditora.com.br

luzdaserraonline
editoraluzdaserra

luzdaserraeditora

luzdaserra

**Luz da Serra**
EDITORA

Avenida 15 de Novembro, 785 – Centro
Nova Petrópolis / RS – CEP 95150-000
Fone: (54) 3281-4399 / (54) 99113-7657
E-mail: livros@luzdaserra.com.br